# RED & WHITE QUILTS
## The 26th Yoon's Quilt Festival

# Contents

표지 작품 Red & White Quilts / 공동 제작 / 246×327cm

2018

26년이라는 긴 시간을 이어온 윤스 퀼트페스티벌!

올해는 그동안의 경험을 바탕으로 책으로 발간하게 되었습니다

빨강이라는 강열한 색은 사람들에게 여러가지 의미로 다가올 것입니다.
아름다운 꽃에서 볼 수 있는가 하면 상처에서 나오는 핏빛에서도 볼 수 있어 세련됨과 촌스러움,
순수함과 순결함 등 여러 가지 상반된 의미로 우리 주위에 있어 사람으로 하여금 많은 것을 떠올리게
하는 색이고, 여러 가지로 변질하기 쉬운 다양성과 고집스러움도 동시에 느낄 수 있게 합니다.

빨강색과 아이보리 두 가지 색으로 만들어진 퀼트는 많은 색을 사용하지 않아도, 간결한 아름다움을
보여 주고, 여기에 여러 가지 패턴을 만나 끝이 없는 변화와 무한한 가능성으로 우리를 안내하고
있습니다. 복잡한 생활 속에 시간이 항상 부족하다며, 인스턴트 제품에 둘려 싸여 살고 있는 현대인
들에게 많은 시간이 걸려 완성되는 퀼트는 말없이 우리에게 많은 교훈을 알려 줍니다

건전한 정신과 인내심, 다년간의 경험으로 닦아진 바느질 솜씨에서 나온 훌륭한 작품들을 알리고,
보존하는 방법으로 책으로 남기기로 하고, 실행해 가는 과정에서 작품만 있으면 모든 것이 해결될
것 같았지만, 사진을 찍고 책으로 완성되기 까지는 손가락으로는 셀 수 없는 많은 난관이 있었습니다.

새로운 일을 시작하여 완성이 되기 까지는 예상 하지 못한 많은 것들이 가로 막고 있고, 이로 인해
처음에 큰 뜻을 가지고 세운 계획들이 작아지고 결국에는 변질되거나 포기 하게 됩니다
하지만 작품을 만든 이들이 극복한 많은 난관을 생각하면, 책을 만드는데 있어서 넘어야 할 것들은
아무것도 아니었습니다. 모든 것을 극복하여 훌륭한 작품을 완성한 여러분들에게 찬사를 보냅니다

이 책을 보시는 독자분들도, 여기에 참여한 작가들의 정신력과 인내를 같이 공유하여, 작품을 계획하고
완성하는데 도움이 되기를 바라는 마음입니다.

2018년 6월 21일

## 터키 빨강

빨강색은 대체 불가한 색으로써 기원전부터 있어왔던 터키 레드가 있습니다.
칠면조의 볏의 색을 보고 터키 레드 라고 말하는 사람들이 있지만, 실체는 동서양의 문화 교류지였던 터키지방에서 염색 되어졌던 빨강색 천을 일컷는 말입니다.
터키 레드는 다른 지방에서 생산되었던 빨강색 천과 달리, 흰색 천과 같이 세탁을 해도 흰색 쪽으로 색이 번지지 않았습니다. 그래서 퀼터들 사이에서 빨강색 천으로는 가장 신용할 수 있는 천이었습니다
오랜지 색이 들어가지 않은 약간은 어두운 빨강색 이라고 할 수 있습니다.

알렉산더대왕이 기원전 327년 인도 원정후 남긴 기록에, 인도에는 다양한색(빨강색을 언급)의 목면프린트가 있다고 쓰여있는데, 빨강색 천은 이집트와 페르시아에서도 있었습니다
빨강색의 염색천은 색이 번지고 빠져서 다른 색의 천과는 세탁이 불가능했었습니다.
그러나 기원전 10세기경부터 터키에서 염색되기 시작한 빨강색은 처음으로 이런 문제가 없는 것이었습니다.

이것은 19단계의 공정을 거치는데, 실이나 목면천을 우유와 올리브유에 담그고 건져서, 건

조 후 명반 액에 하룻밤 담그고 다시 석회수에 넣습니다. 이것은 천이나 실을 염색이 잘 될 수 있게 정련을 하는 것인데, 이 과정을 여러번 거친 후, 꼭두서니 뿌리에서 나온 빨강색 가루를 끓인 액에 넣어서, 색을 입히고 이것을 다시 끓는 비누물에 넣어, 여분의 빨강색을 씻어 내는데 이때 빨강색이 안나올 때까지 씻어 내야했습니다. 한번의 공정으로는 원하는 빨강색이 안나오므로 이 전체 과정을 여러번 반복하여, 만족스러운 빨강색을 만들었는데, 이것은 보통 3개월은 걸렸다고 합니다

터키에서도 Edirne (유럽터키 서북부의 도시 옛이름은 Adrianopolis & Adrianople) 이 염색의 중심지로서, 이 염색법은 터키 이외에서는 불가능 했습니다. 그러나 국가적으로 보호하고 지켜왔던, 빨강 염색 비법도 1756년 스파이가 프랑스의 리용근처인 세인트샤몽도에 터키의 염색장인을 데리고 나와, 이 비법이 유럽에 전파될 수 있었습니다.

이렇게 시간과 인력이 많이 필요했기에 당연히 비싼 천이었습니다. 이 방법을 알지 못했던 미국에서는, 인도와 유럽에서 수입을 해서 사용하였기에 더 비싼 물건이었습니다.

꼭두서니 뿌리에서 추출한 것이 Alizarin인데,

1868년 합성으로 이것을 만들었기에 미국에서도 이 빨강색 천이 생산되기 시작하였고, 1880~1900년 사이에 빨강과 흰색이 들어간 퀼트가 많은것도 미국에서 염색되어 가격이 싸졌기 때문입니다.

제 1차 세계대전 후에는 개량된 화학염료가 나와서 1925년 후로는 이 방법으로는 염색하지 않게 되었습니다.

터키 레드를 년대별로 분류 하는 것은 좀 어려운 것이지만, 18세기부터 19세기에는, 인도와 유럽에서 화려한 큰 꽃무늬가 친즈에서 보여지고, 19세기 중엽에는 프랑스와 영국에서 만들어졌던 가는 선이 들어가는 프린트천 카리코의 빨강색에서, 미국에서 염색되기 시작한 19세기 말에서 20세기 초의 빨강은, 합성염료로 개량되어 조금은 어두운 빨강이 만들어 졌습니다.

어떤 색으로도, 대체가 불가능한 빨강색이 가지고 있는 강력한 힘이, 시대에 관계없이 퀼터들 사이에서 가장 사랑 받고 있는 색으로 남아 있습니다.

169×239cm

22 5

1 5

3 5

11

←24

←56

←100

32

9

27 5

윤혜경

연꽃 연못 / 169×239㎝

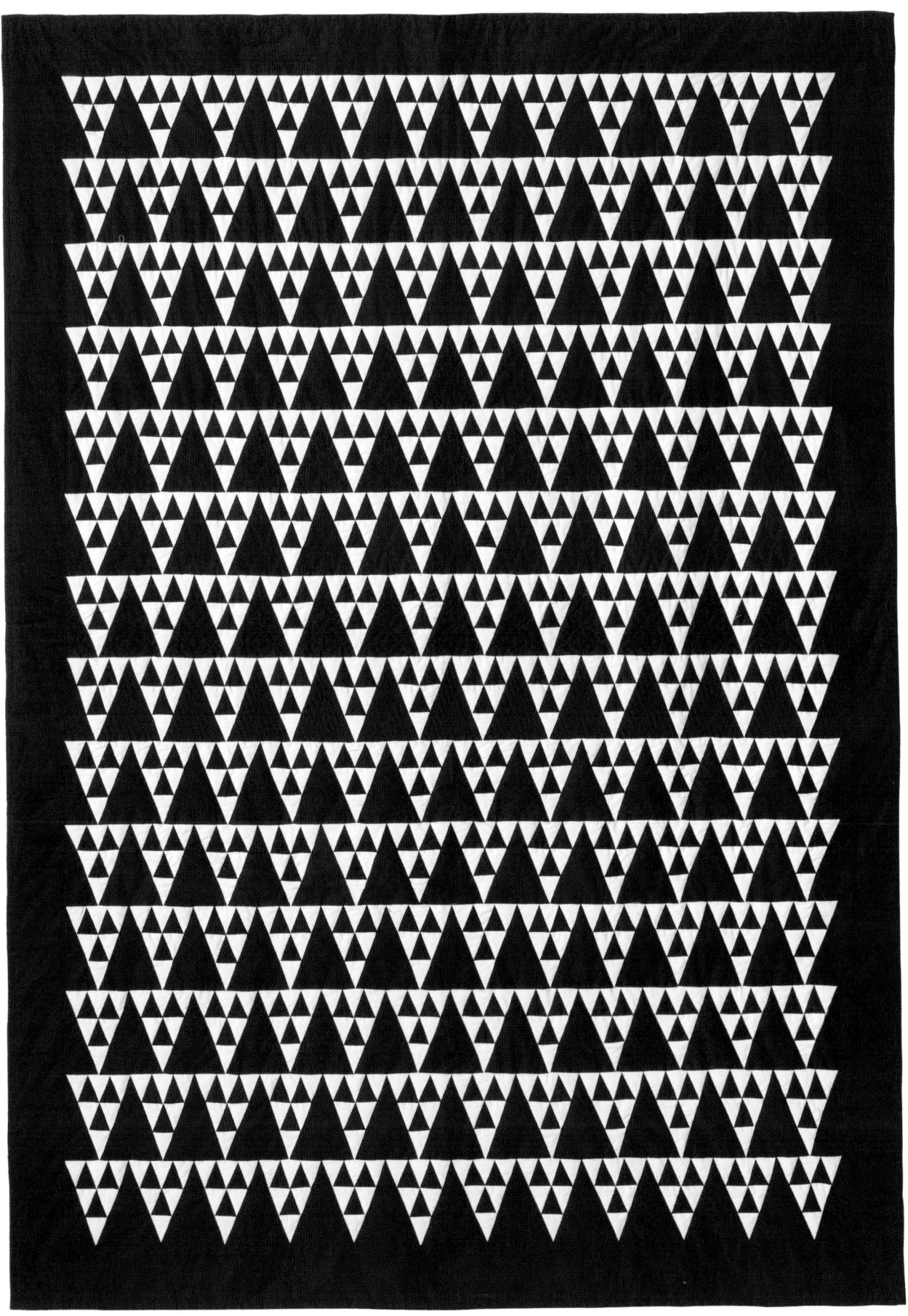

강원정(Kang, Won Jeong)

노르웨이 숲 / 158×230㎝

강윤정(Kang, Yun Jung)

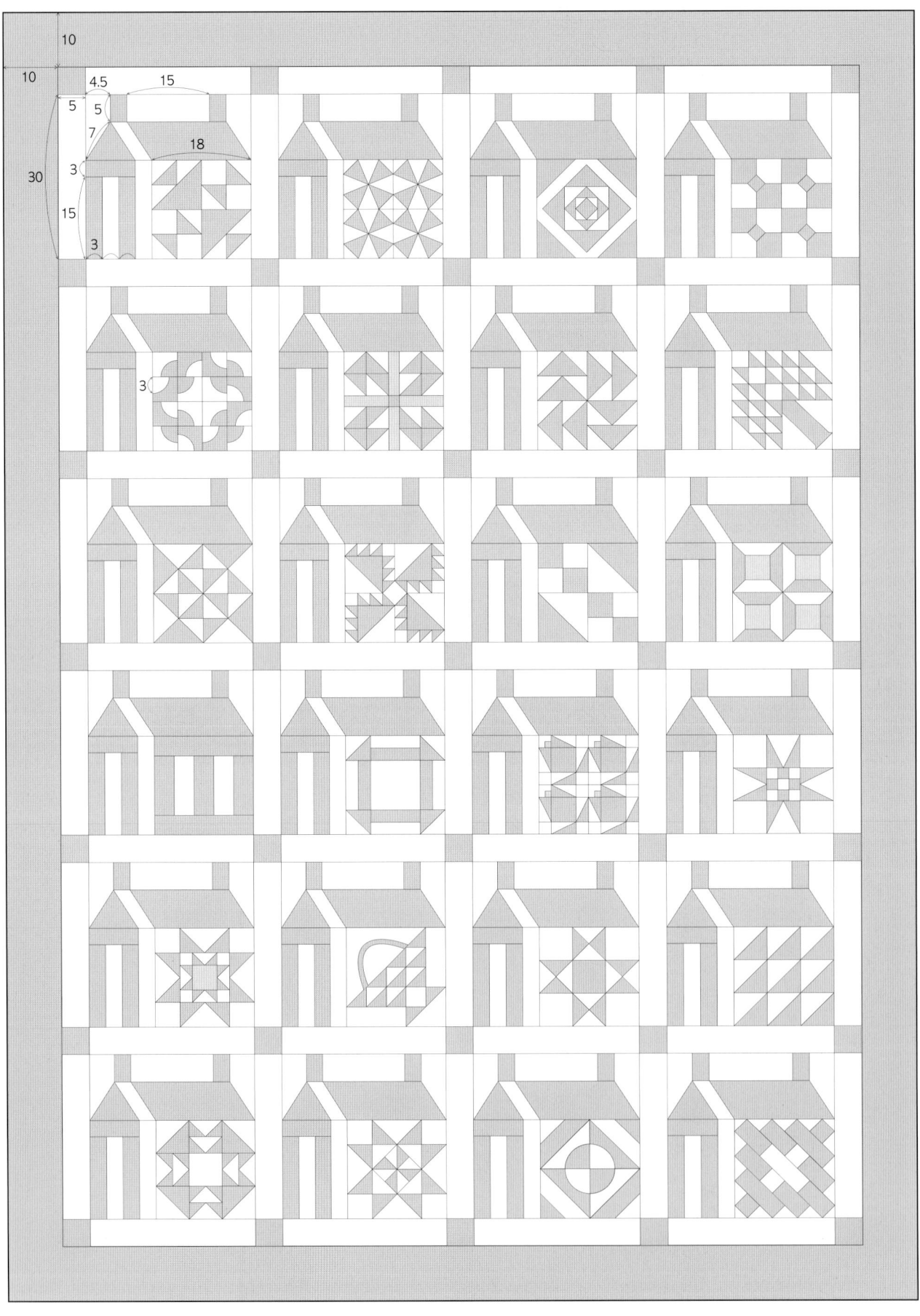

강혜경(Kang, Hye Kyoung)

샘플러 하우스 / 165×235cm

강지아(Kang, Ji A)

MELODY / 165×225cm

14

김경희(Kim, Kyung Hee)

꿈꾸는 정원 / 167×235cm

171×231cm

7.8 15.6
7.7
3 15
15.4
15
10
10
7.5
7.5

권갑연(Kwon, Kab Youn)

바람의 소리 / 171×231cm

김미경(Kim, Mi Kyung)

허니문 하와이 / 230×230㎝

김선라(Kim, Sun La)

소망 / 160×230cm

172.7×230cm

15

7

20.7

4.6

20.7

2.3

6.9

김미경(Kim, Mi Kyung)

버베나스(가정의 평화) / 172.7×230㎝

김승주(Kim, Seung Jew)

빛 그리고 꿈 / 147.8×230cm

김영숙(Kim, Young Sook)

사방으로 퍼지는 길 / 173×223㎝

5.5

5.5 3

24

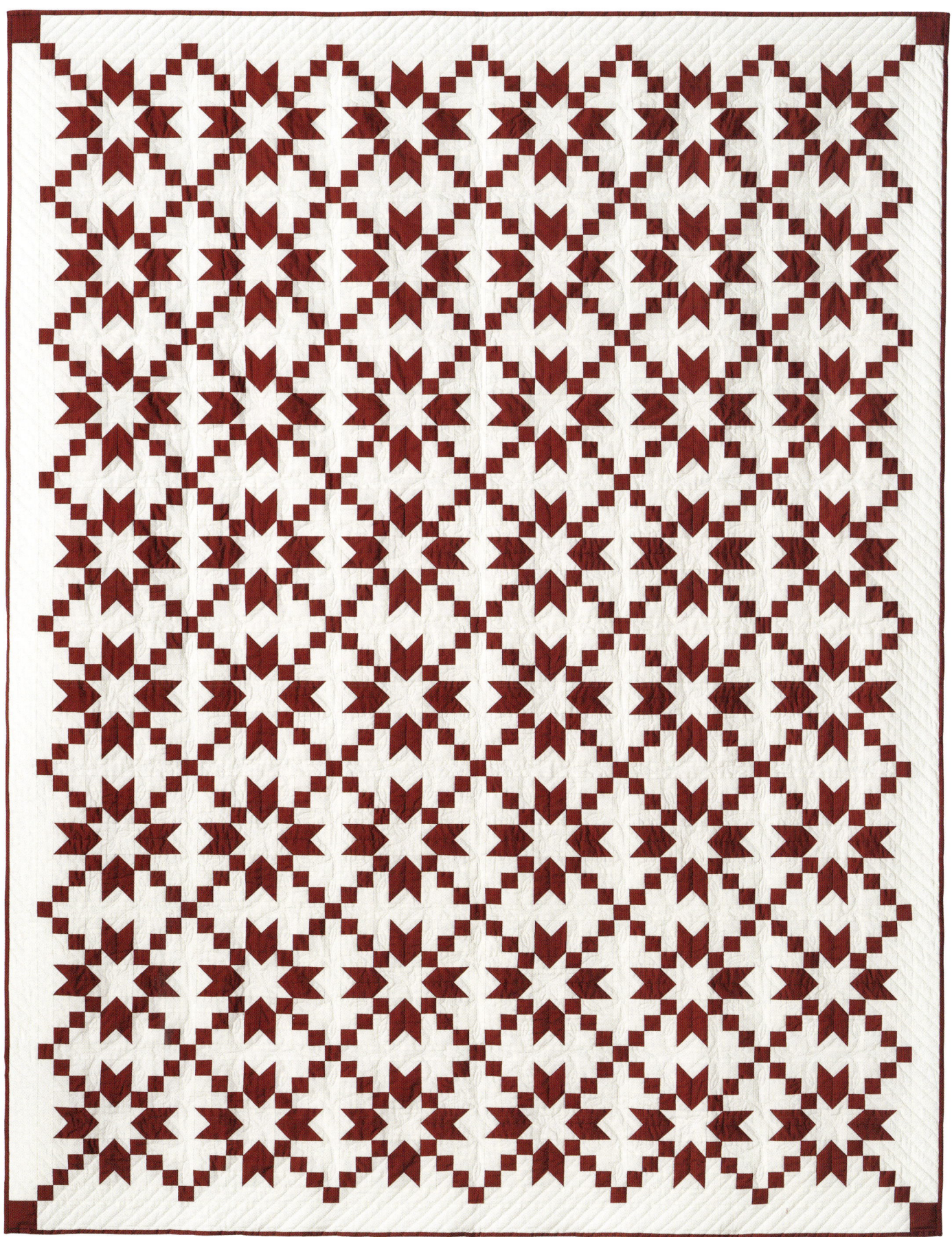

김미나(Kim, Mi na)

꽃길 / 176×230㎝

김옥윤(Kim, Ouk Youn)

낯선 풍경 / 155×220㎝

김은정(Kim, Eun Jung)

소소한 일상 / 160×230㎝

27

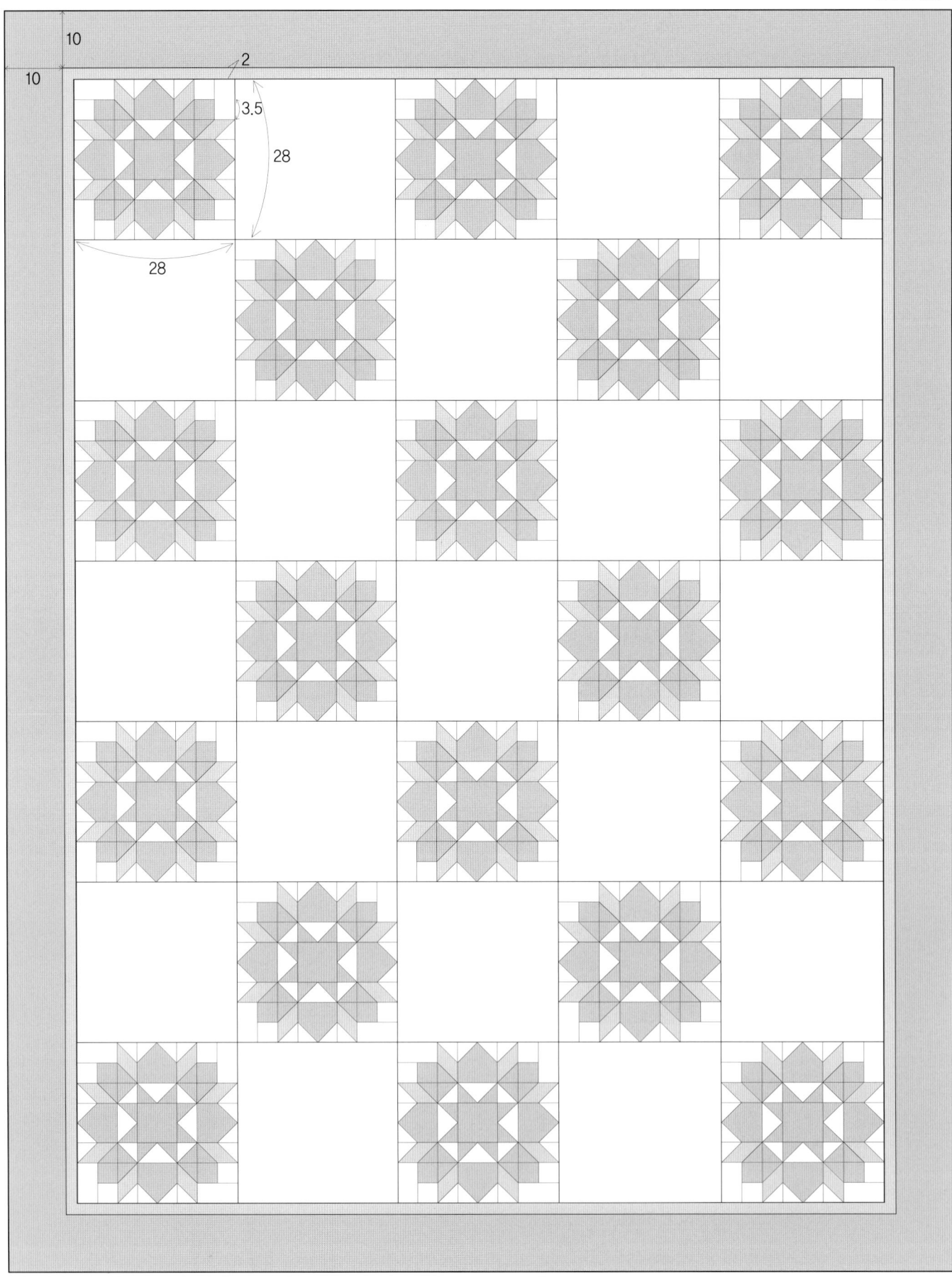

164×220cm

김미진(Kim, Mi Jin)

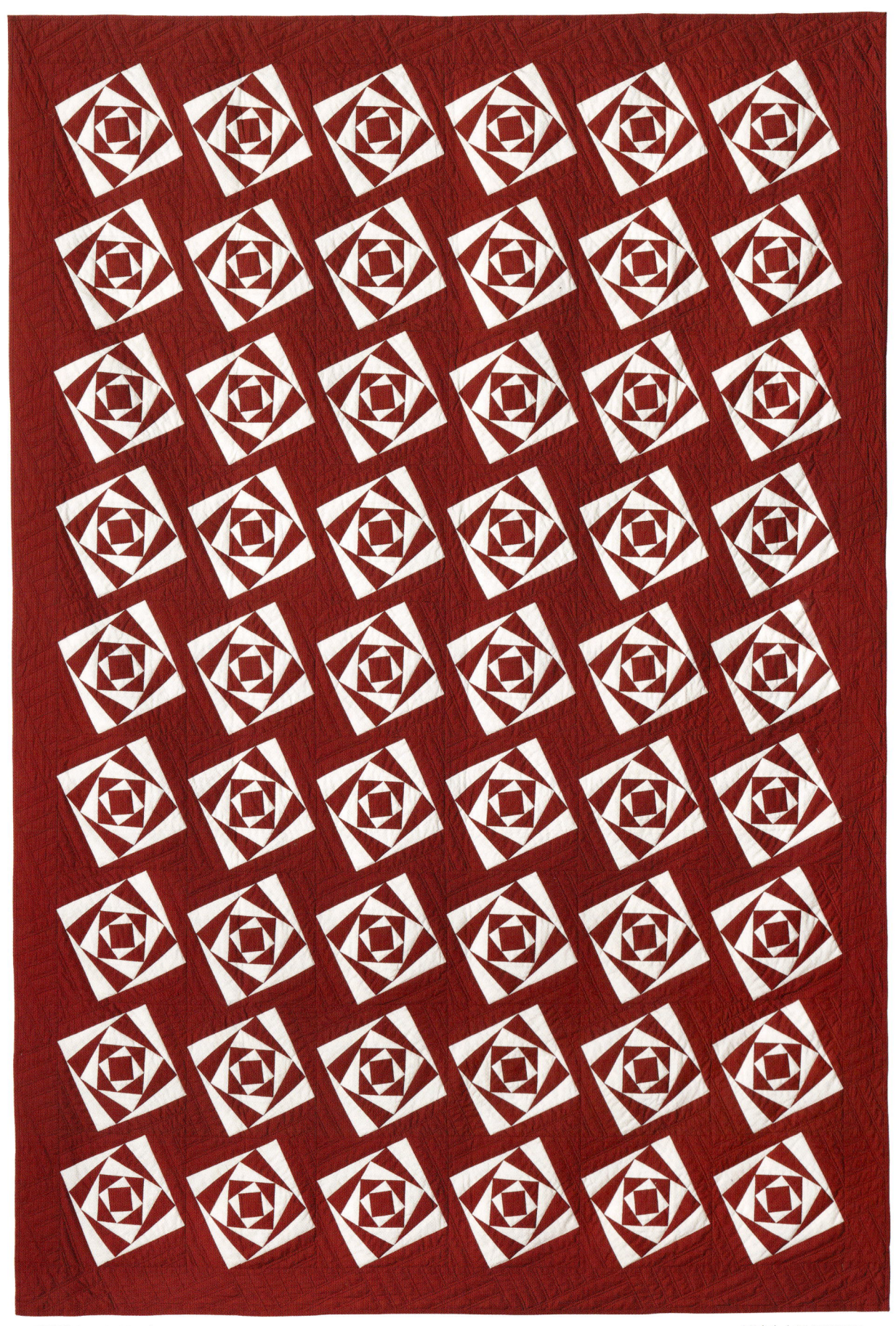

김인화(Kim, In Hwa)

봄바람 / 154×227.5cm

라소영(La, So Young)

지한(池澗) / 160×230㎝

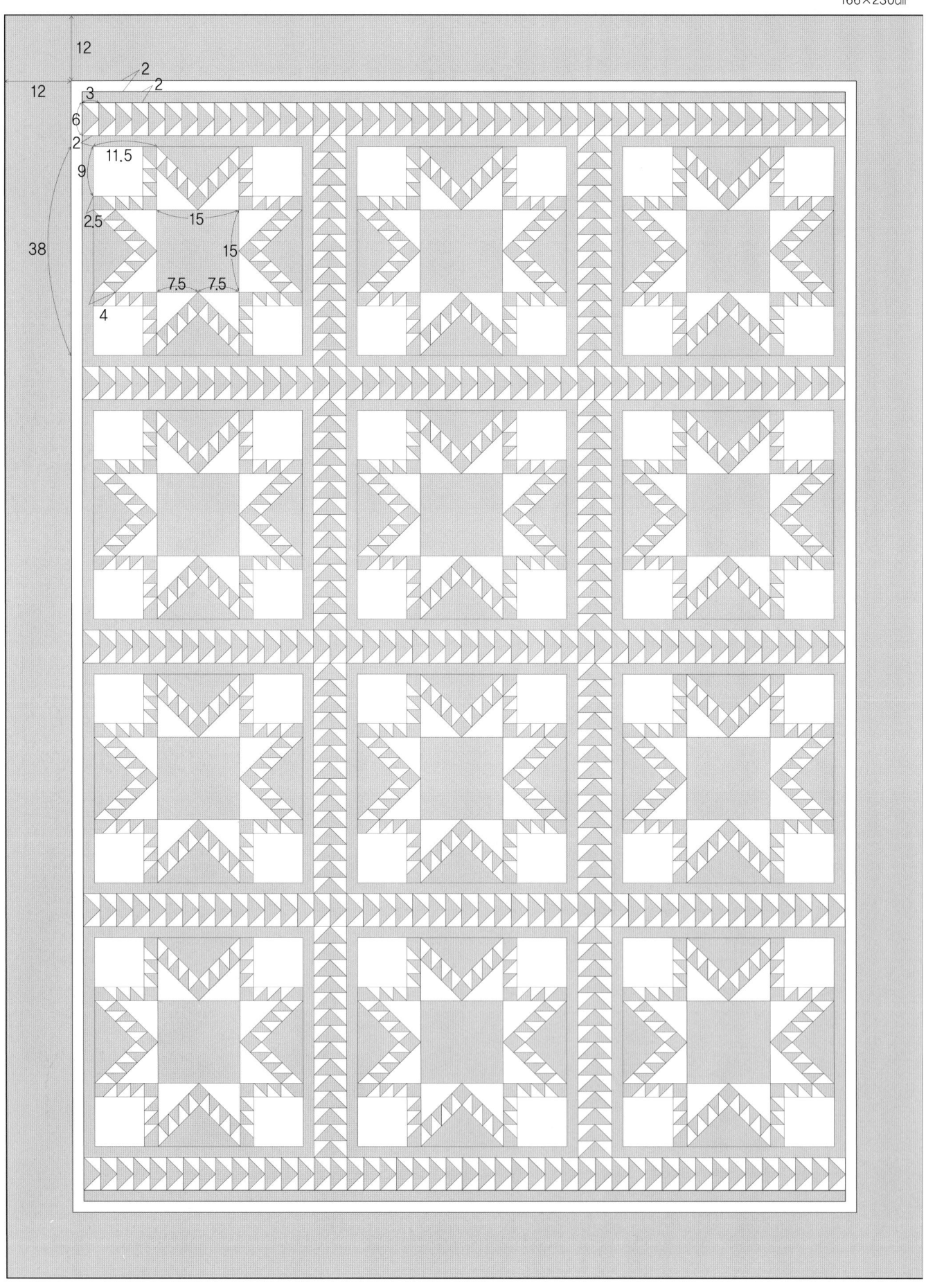

김선경(Kim, Sun Kyoung)

별을 향해 또 한걸음 / 166×230㎝

민정현(Min, Jung Hyun)

소통 / 154×230㎝

박영자(Park, Young Ja)

실패 놀이터 / 180×230㎝

160×230cm

4
4
3 3
3
35
35

36

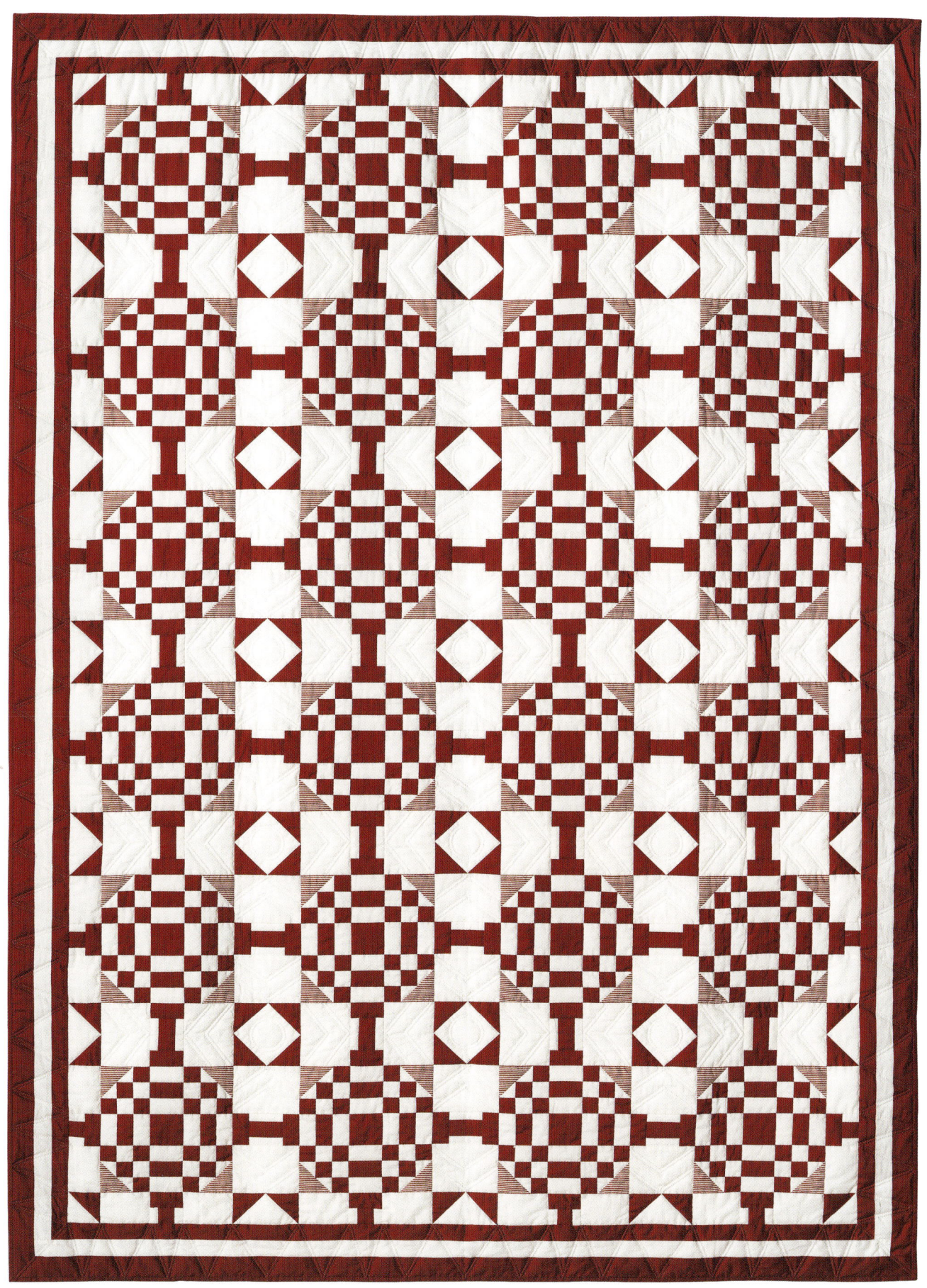

김우영(Kim, Woo Young)

MARI 2018 / 160×230㎝

박은주(Park, Eun Ju)

AMAZON LEAVES / 230×230cm

박정순(Park, Jung Soon)

꿈은 이루어진다 / 164×230㎝

4.5

4.5

25.5

1.5

35.7

4.5

1.5

김운선(Kim, Woon Sun)

MAZE / 152×225㎝

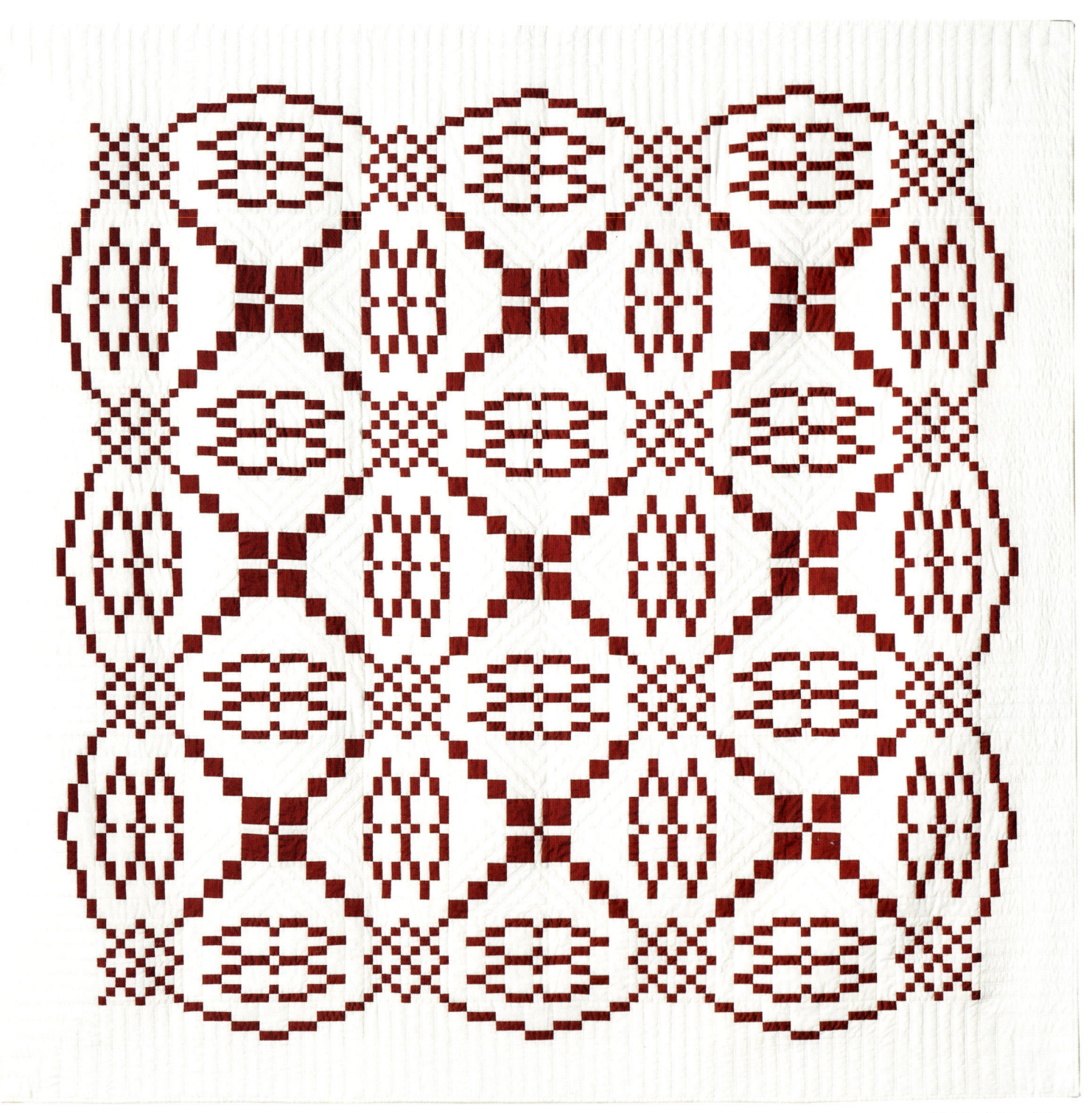

박현주(Park, Hyun Joo)

동상이몽 / 228×228cm

선우능애(SunWoo, Neungae)

나 어릴적에 / 160×230㎝

8

8

19 19

김정수(Kim, Jung Su)

BOOMERANG / 176.8×230.4cm

45

송경숙(Song, Kyeong Suk)

환희 / 160×230㎝

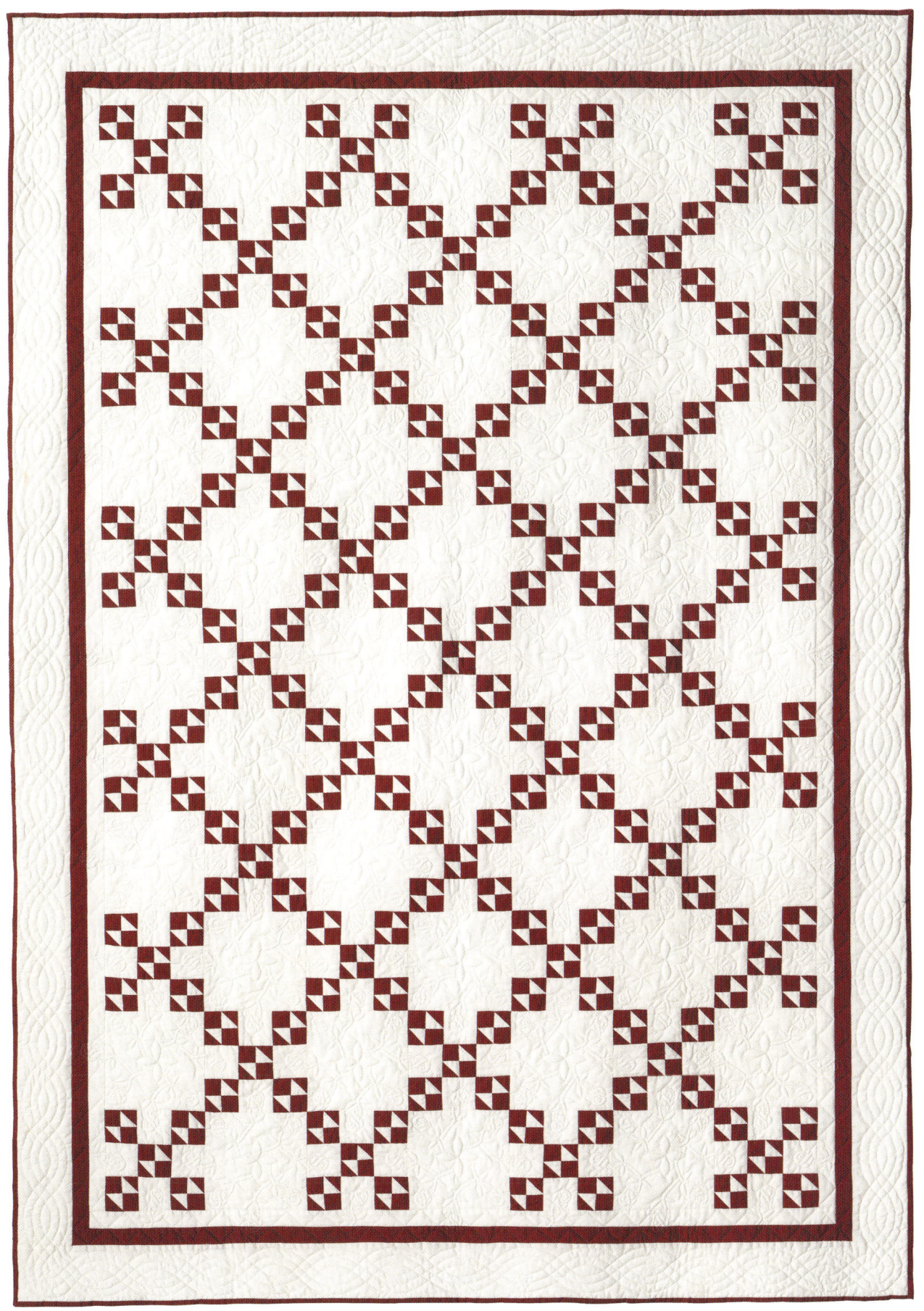

송현아(Song, Hyun A)

비밀의 화원 / 152×224㎝

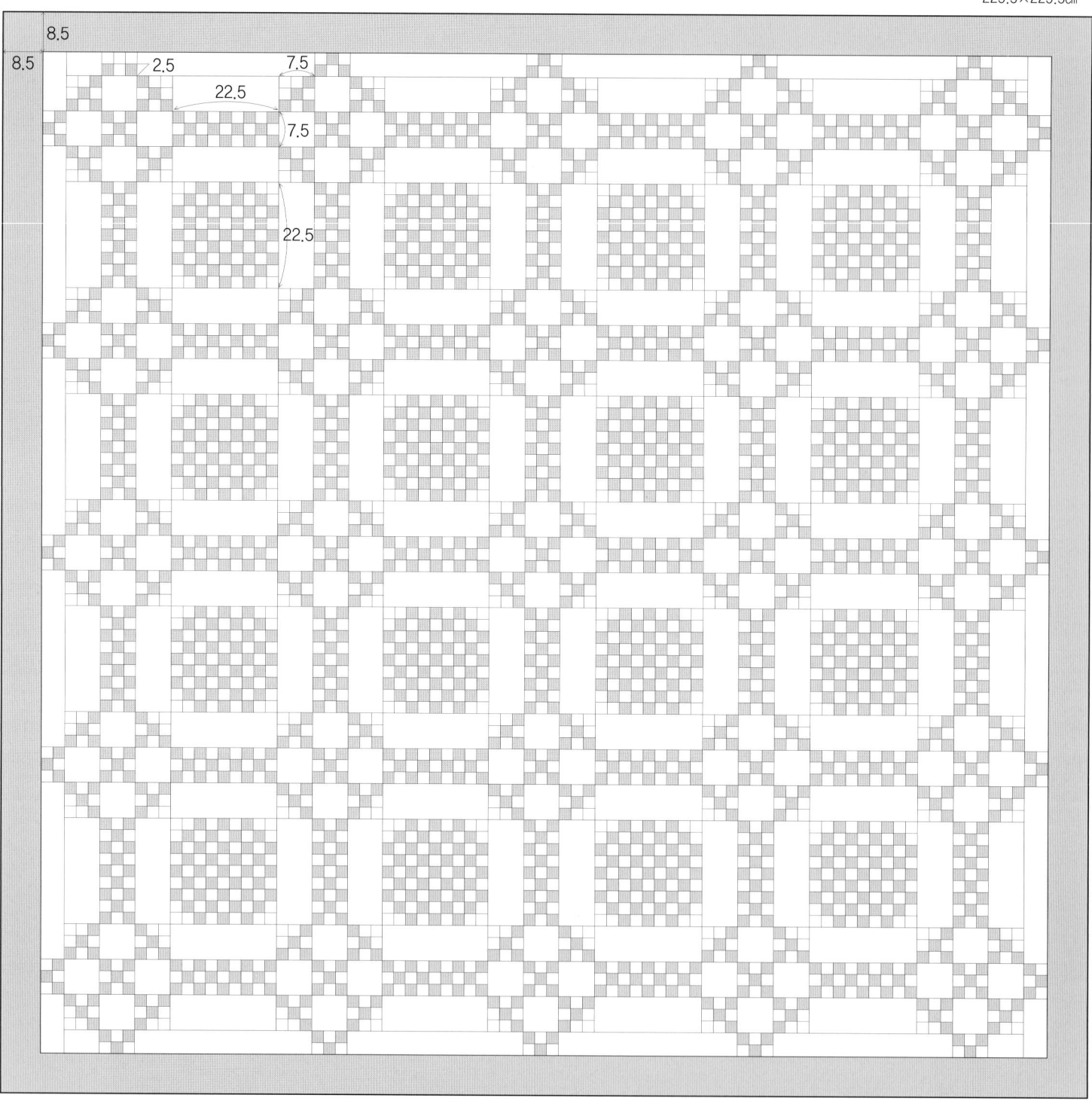

8.5

8.5

2.5

7.5

22.5

7.5

22.5

김현정(Kim, Hyun Jung)

내 안의 열정 / 229.5×229.5cm

신경순(Shin, Kyoung Soon)

바람의 화원 / 170×230㎝

오은미(Oh, Eun Mi)

빛나는 순간들 / 165.5×230㎝

노덕희(Rho, Deok Hee)

MON PANIER DE FLEUR(나의꽃바구니) / 158.8×229.2㎝

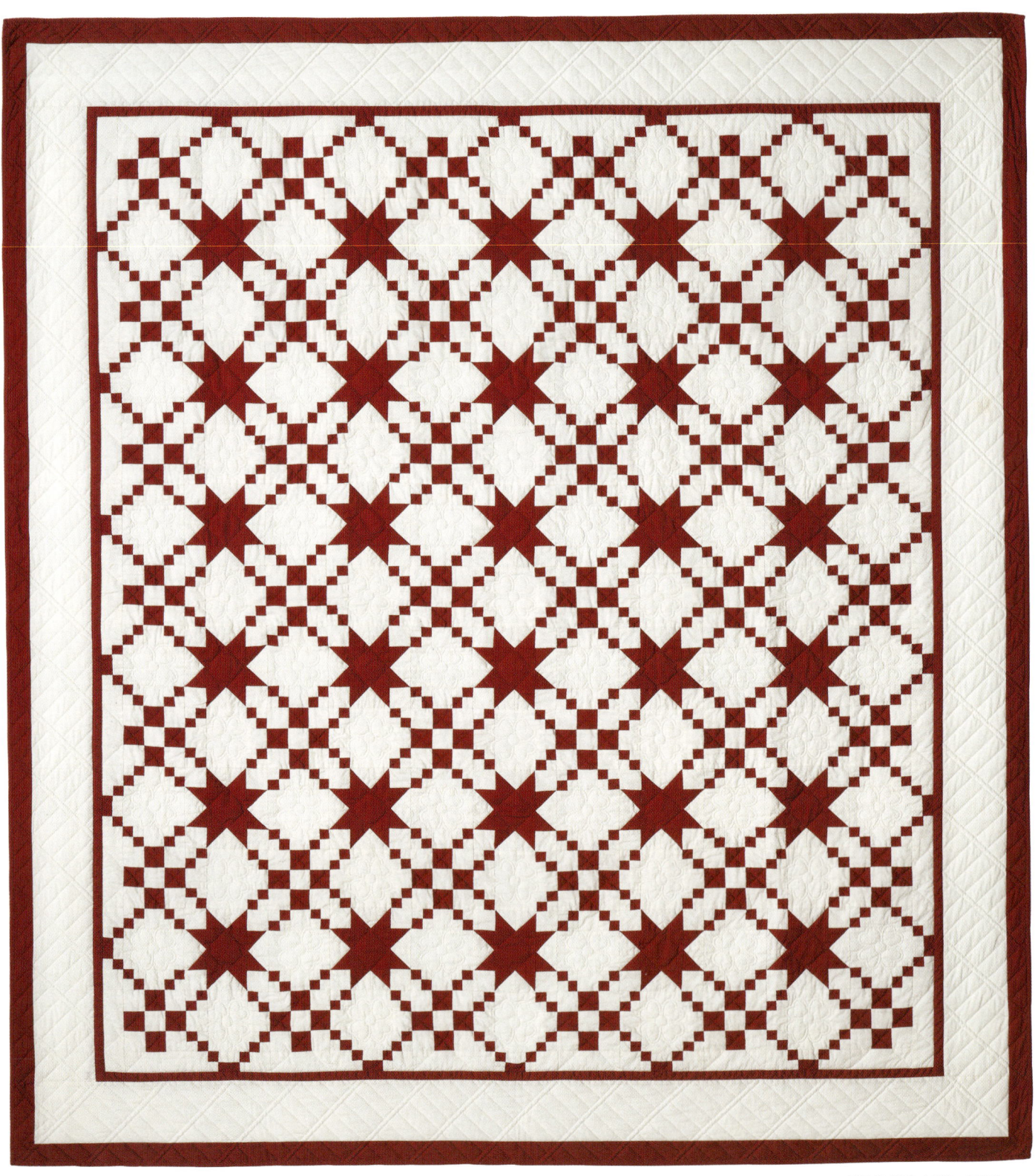

유명수(You, Myung Soo)

별들의 합창 / 192×216.5㎝

윤호경(Yun, Ho Kyung)

행복한 기억 / 170×230㎝

157×220cm

마연희(Ma, Youn Hi)

비상 / 157×220㎝

윤화분(Yun, Hwa Bun)

이금옥(Lee, Keum Ok)

동행 / 162×238㎝

158×230cm

11
2
11 12
12

문영선(Moon, Young Sun)

BLOSSOM / 158×230㎝

이미숙(Lee, Mi Sook)

동서남북 / 150×210cm

이미향(Lee, Mi Hyang)

상(想) / 184×230㎝

46.4

27.2

185.6×232cm

19.2

민선미(Min, Sun Mi)

JESUS OF BETHLEHEM / 185.6×232cm

이유진(Lee, Eu Jin)

PARADE / 160×226cm

이은경(Lee, Eun Kyong)

HAPPINESS Ⅳ / 170×230cm

160×230cm

10  28

10

7   5

14

68

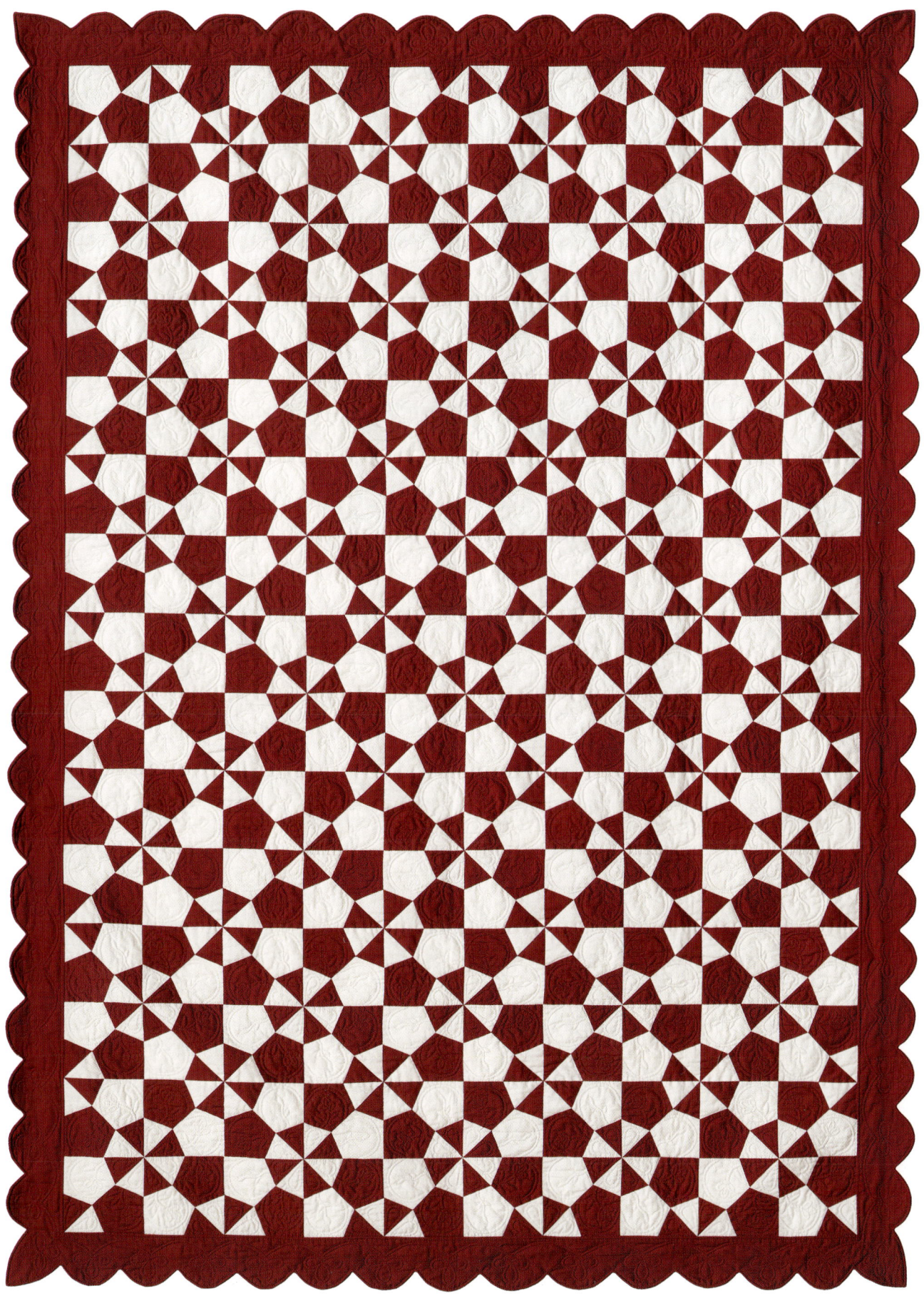

박애경(Park, Ae Kyoung)

꽃밭에서 / 160×230㎝

이정숙(Lee, Jung Suk)

환희 / 160×230㎝

이주애(Lee, Ju Ae)

평화(PEACE) / 160×233cm

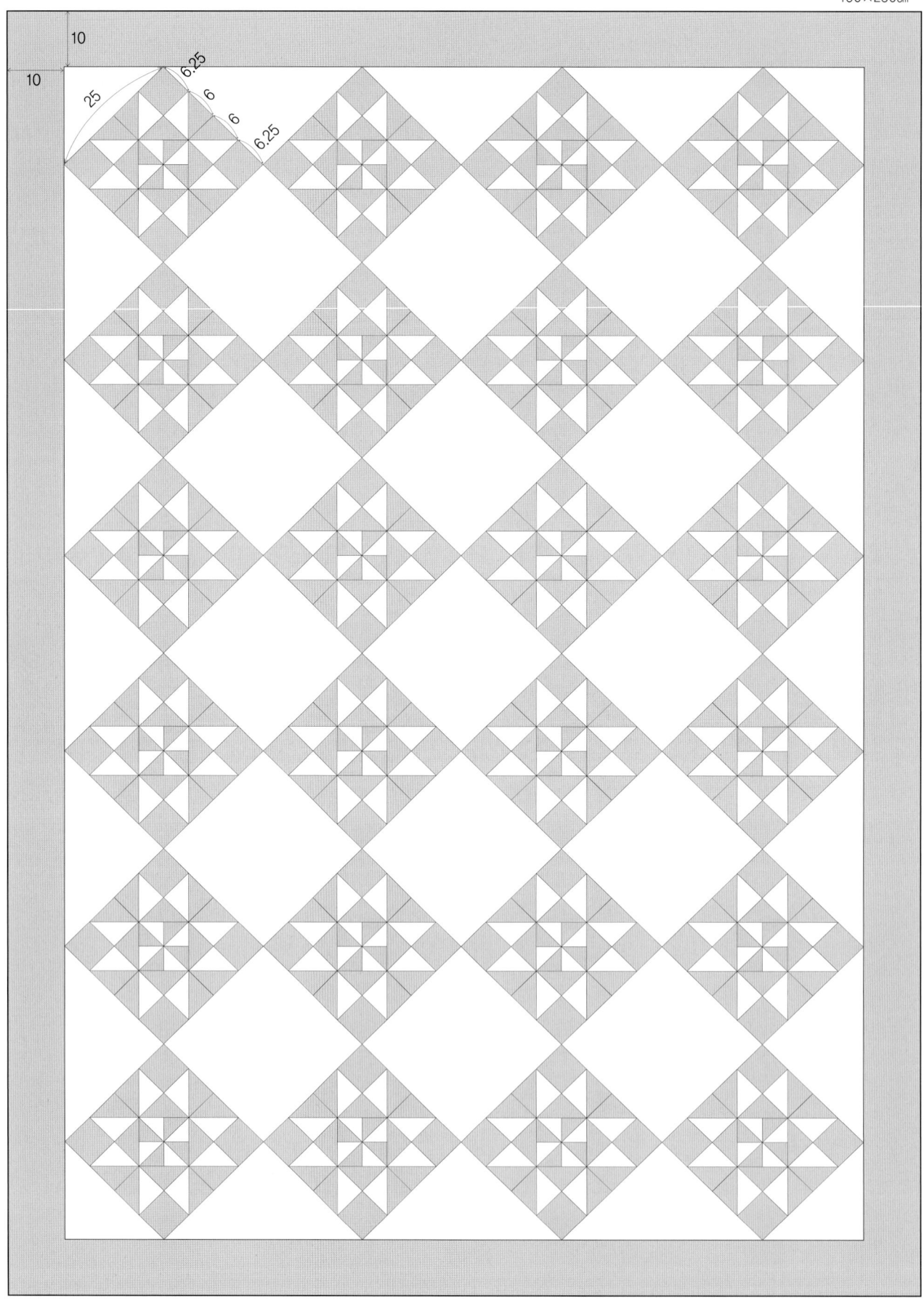

160×230cm

10

10

25 6.25 6 6 6.25

서은희(Seo, Eun Hee)

MEMORY(추억) / 160×230cm

이현순(Lee, Hyun Sun)

선물 / 170×230㎝

이현주(Lee, Hyun Ju)

바람개비 꽃밭 / 160×230㎝

160×230cm

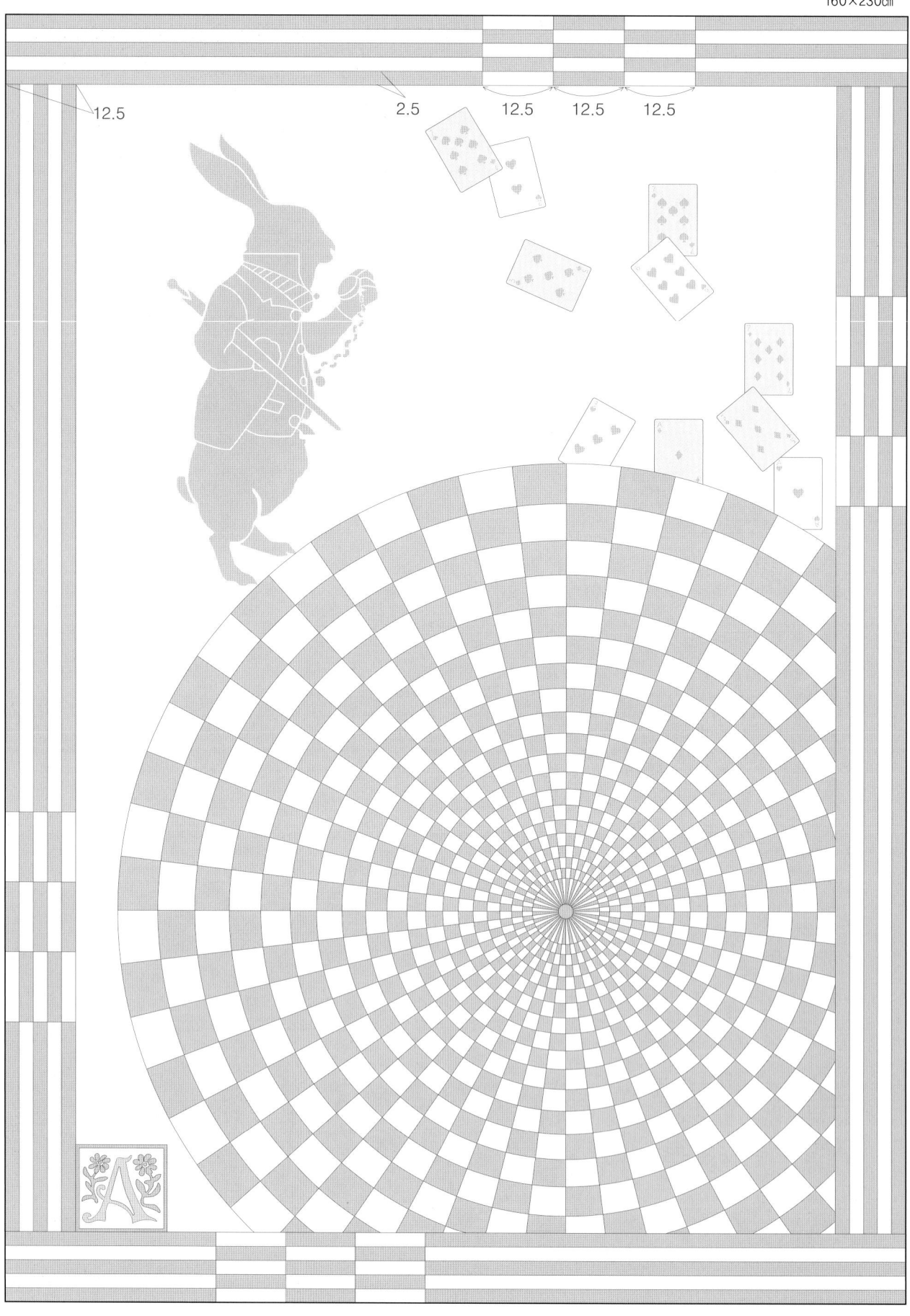

12.5

2.5    12.5    12.5    12.5

양양수(Yang, Yang Su)

WELCOME TO THE WONDERLAND / 160×230㎝

임명선(Lim, Myung Sun)

WISH / 174×230㎝

임지영(Im, Ji Young)

5
5
3.5
10.5
7

연 영(Yeon, Young)

BLOSSOM / 167.5×230.5cm

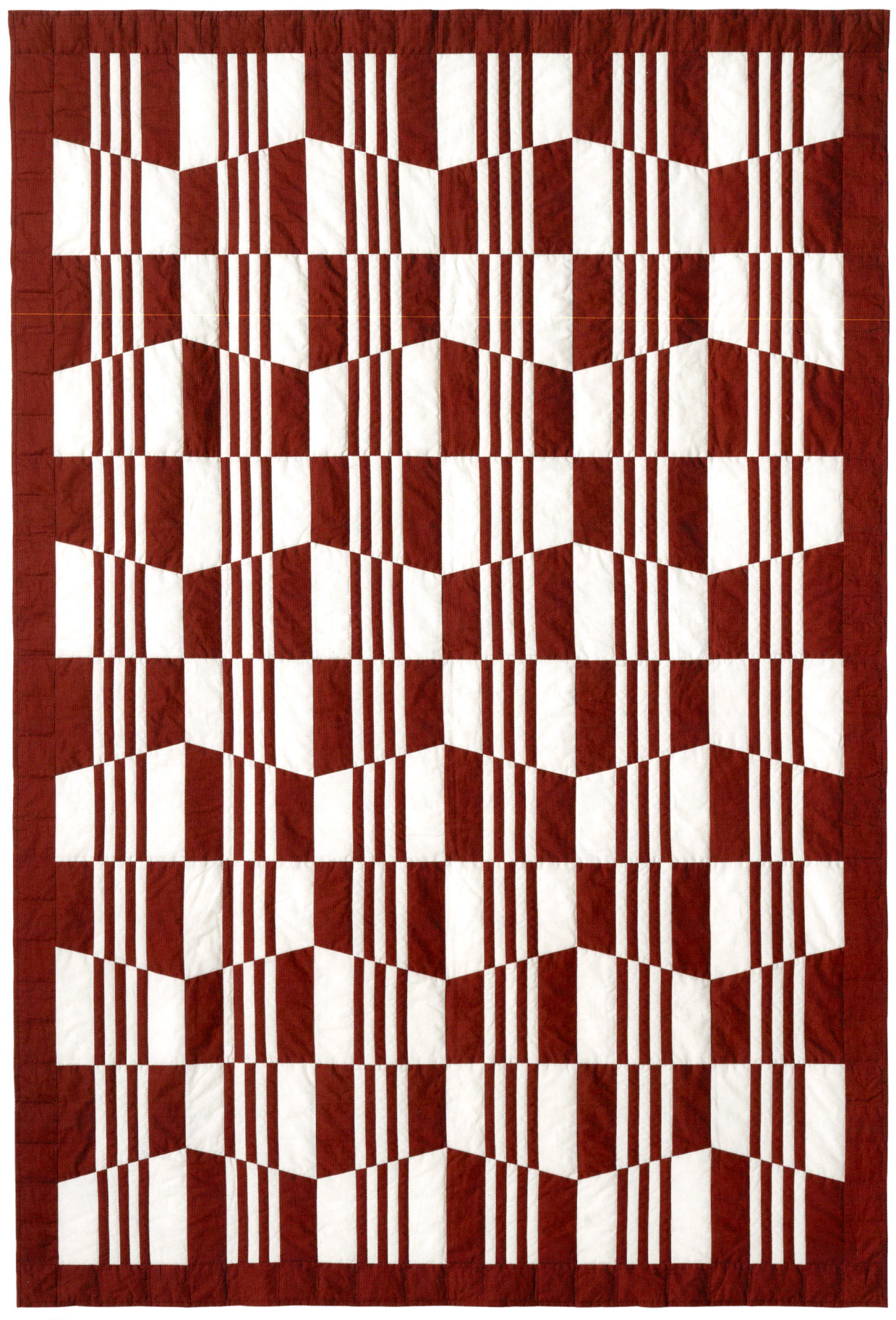

장예원(Jang, Ye Won)

MORDEN / 158×230㎝

정선화(Jung, Sun Hwa)

CHECK MATE / 156×225cm

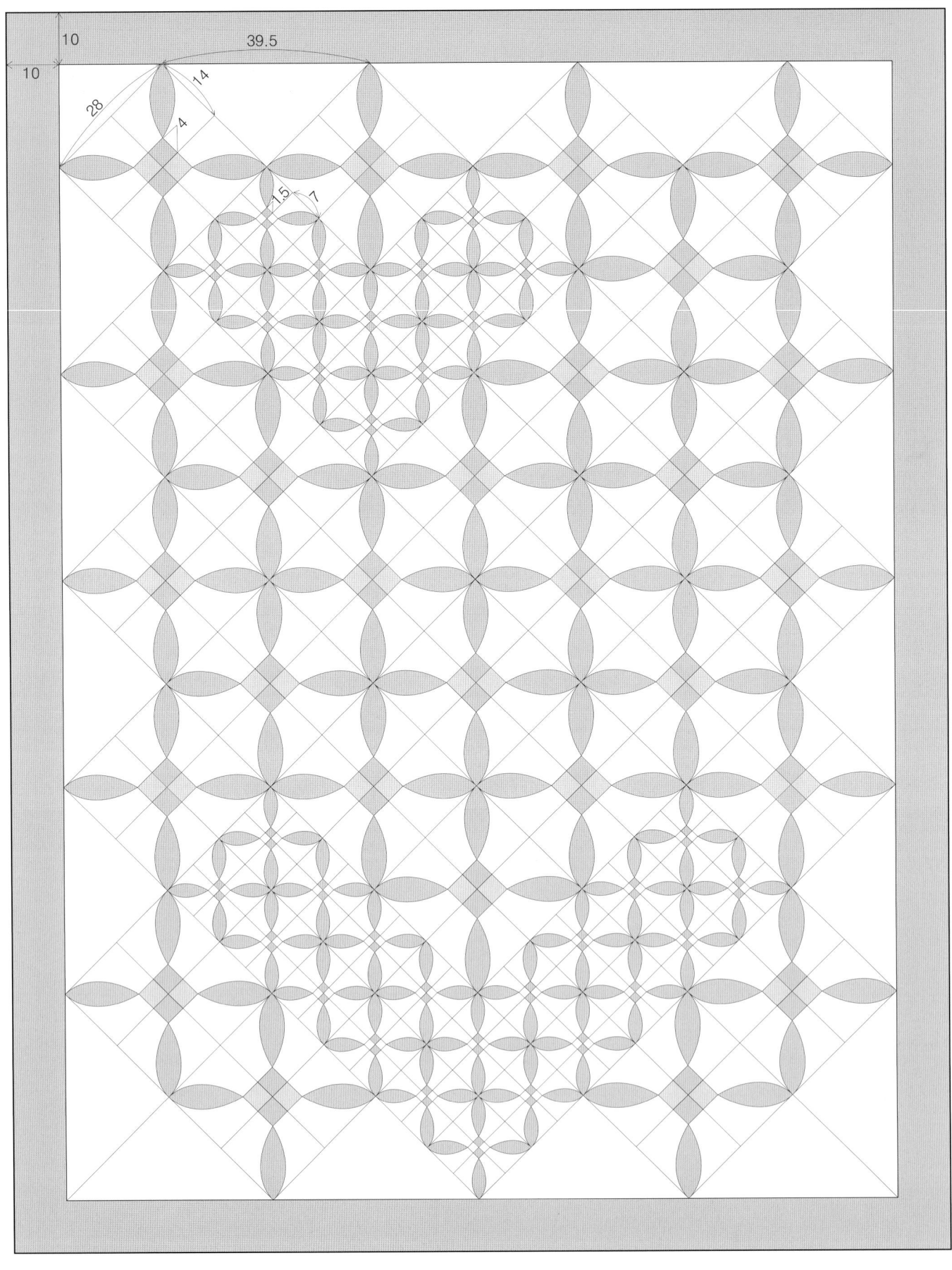

178×237.25cm

10

39.5

10

14

28

4

1.5    7

오경아(O, Kyung A)

두개의 심장 / 178×237.25cm

정애경(Joung, Ae Kyung)

러브 비트 / 190×230㎝

조은주(Cho, Eun Joo)

힐링 / 180×200㎝

180×230cm

12  2.5

50

12

14.7

20.6

14.7

오신영(Oh, Shin Young)

별을 따다 / 180×230㎝

최시경(Choi, Si kyong)                                 12월의 별 / 153×227cm

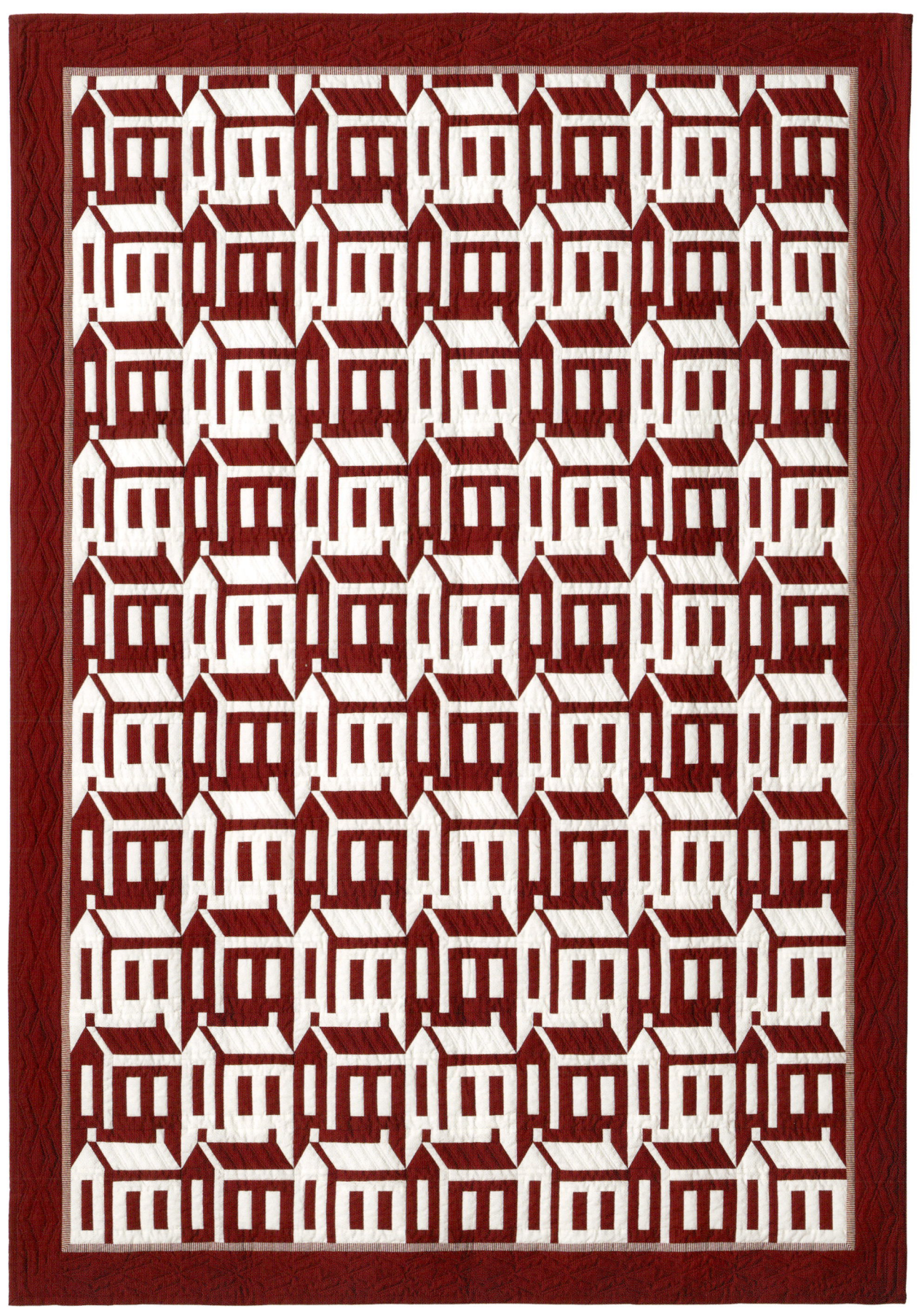

최정은(Choi, Jeong Eun)

이웃집 빨강 지붕 / 160×230㎝

160×226cm

10

10

7

5

10

3

30

8.8   12.4   8.8

60

21.5

35.3

21.5

84.8

우미경(Woo, Mi Kyung)

저 별은 나의 별 / 160×226㎝

최현숙(Choi, Hyun Suk)

꽃비 / 190×230㎝

하선희(Ha, Sun Hee)

PATTERN FRIENDS / 150×210cm

95

5 2　　30　　6
5
6
30

우혜현(Woo, Hye Hyun)                                          RED PATCH 2018 / 160×232cm

하수미(Ha, Su Mi)

잘 될거야~(IT WILL BE OK) / 230×230㎝

한지숙(Han, Ji Suk)

TWINKLING STARS(반짝이는 별) / 162×197㎝

160×230cm

7.5

7.5  2.5

25  35

100

유영애(Yu, Yeong Ae)

십자가 / 160×230cm

허양희(Heo, Yang Hee)

모래시계 / 166×230㎝

홍소연(Hong, So Yeon)

별 하나에… 사랑 / 160×229㎝

178×214cm

5
3
5
18
9

유재옥(Yoo, Jae Ok)                                                                                    INSIDE? OUTSIDE? / 178×214㎝

18

181.5×231cm

33   3   36

21

18

19.5

유정이(Yu, Jung Ei)

꽃 / 181.5×231㎝

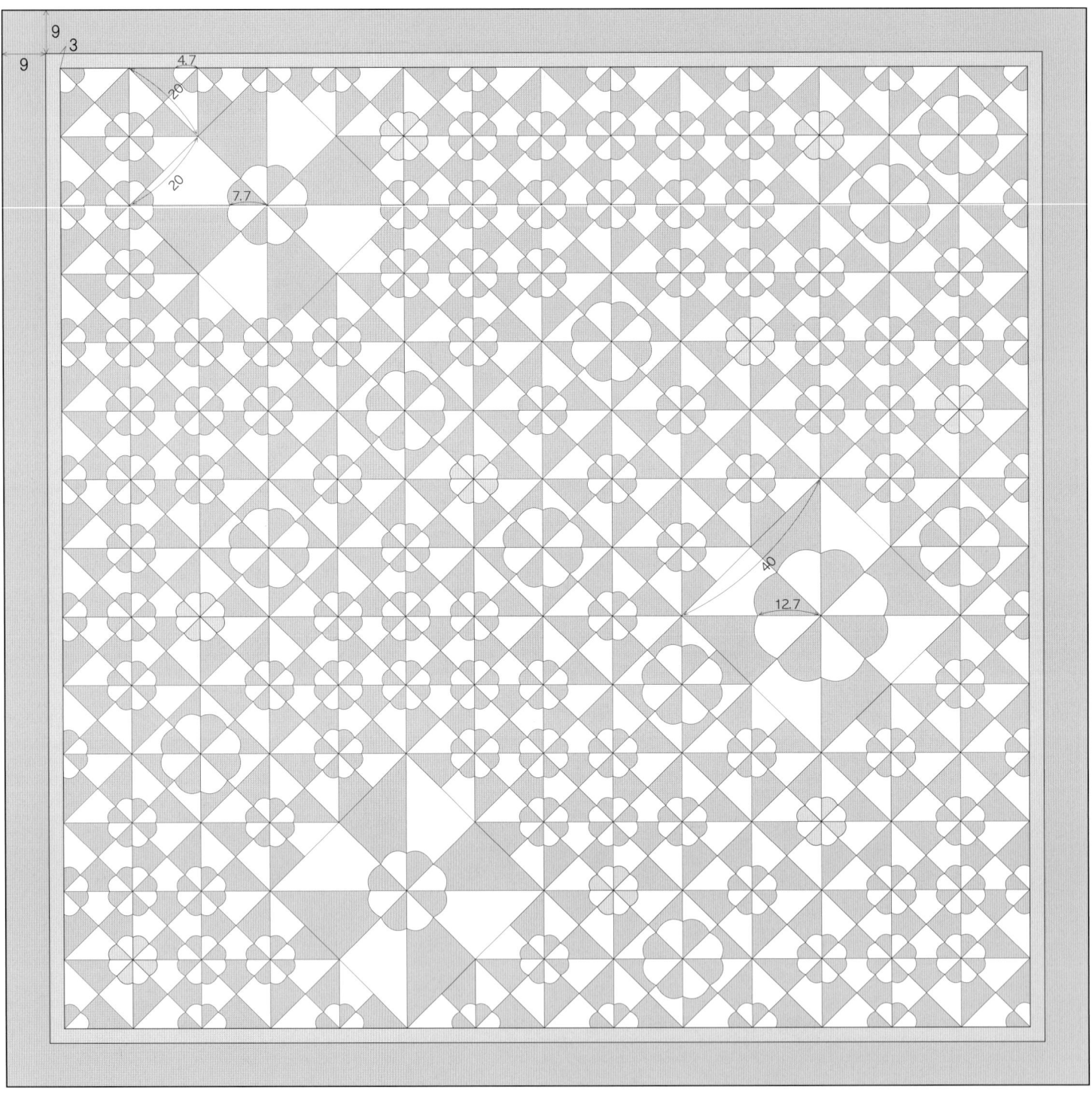

221.1×221.1cm

9
3
9
4.7
20
20
7.7
40
12.7

이수연(Lee, Su Yeon)

상생(相生) / 221.1×221.1㎝

24.5　3.5　10.5

이은미(Lee, Eun Mi)

MISSING YOU / 164.4×214.1㎝

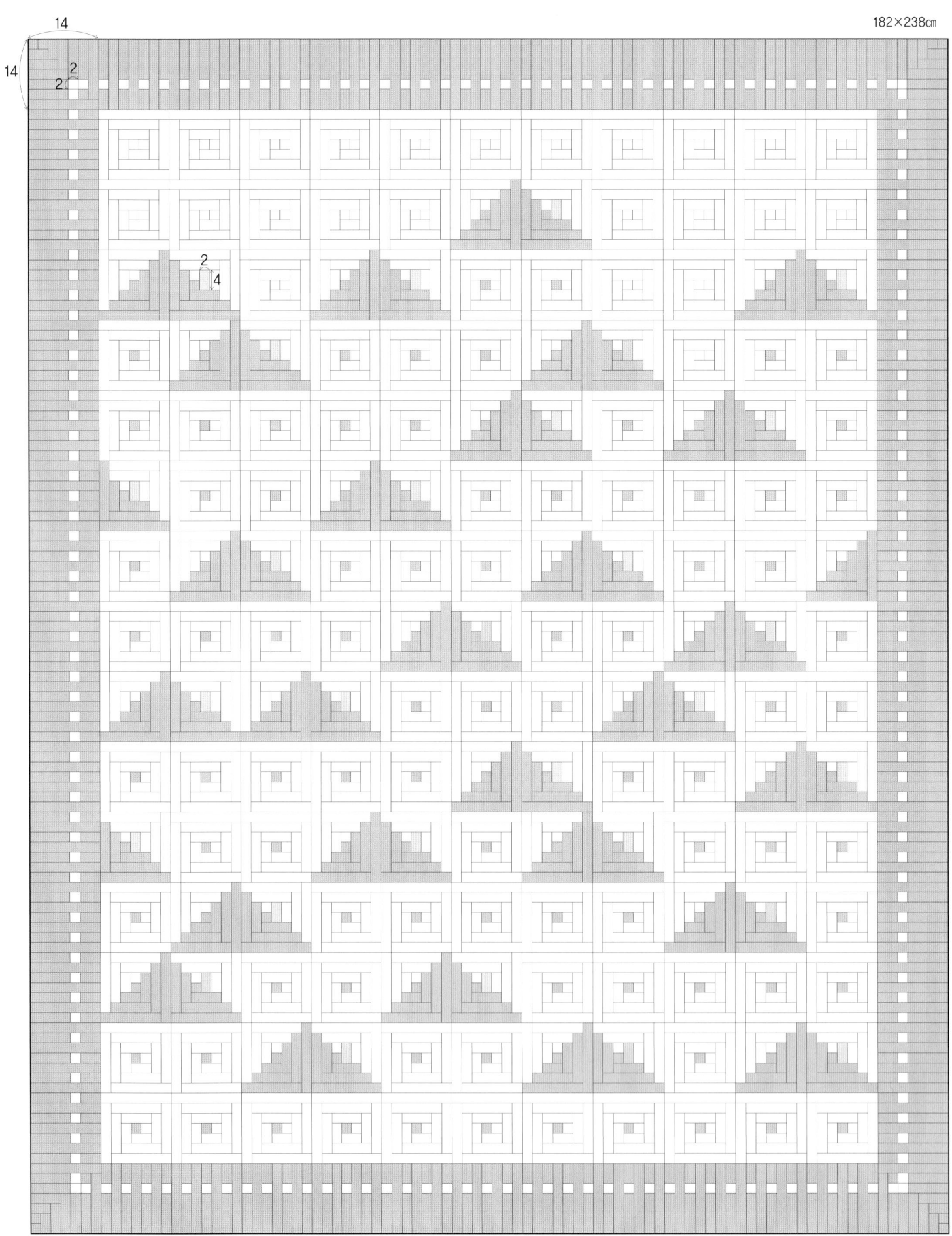

이은송(Lee, Eun Song)

겨울마을(winter town) / 182×238㎝

4
4
4 2    14
4
16

이정림(Lee, Jung Lim)

고마움 / 160×230㎝

이정숙(Lee, Jung Suk)

"별, 별, 그리고…" / 156×238cm

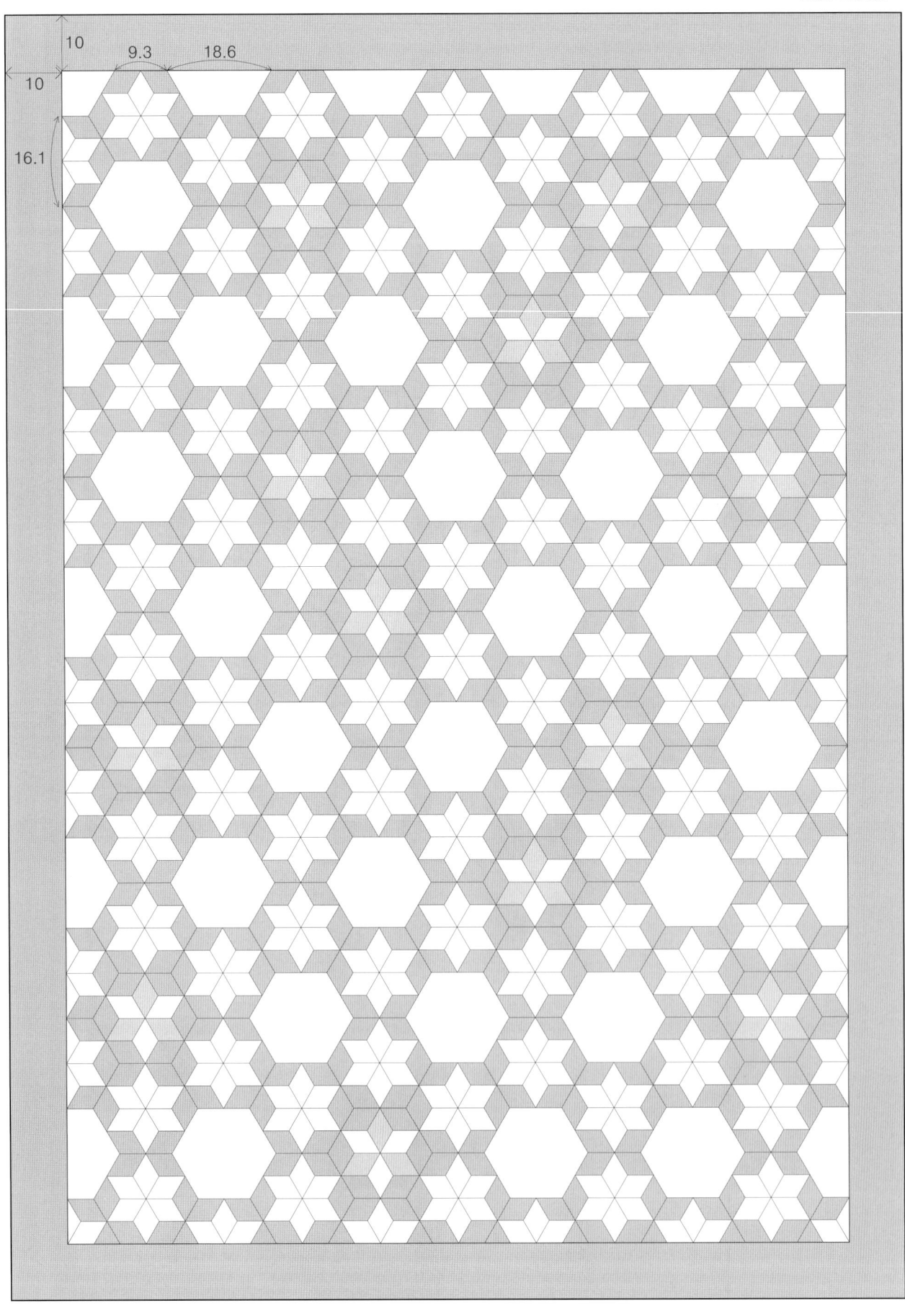

159.5×229.3cm

10
9.3
18.6
10
16.1

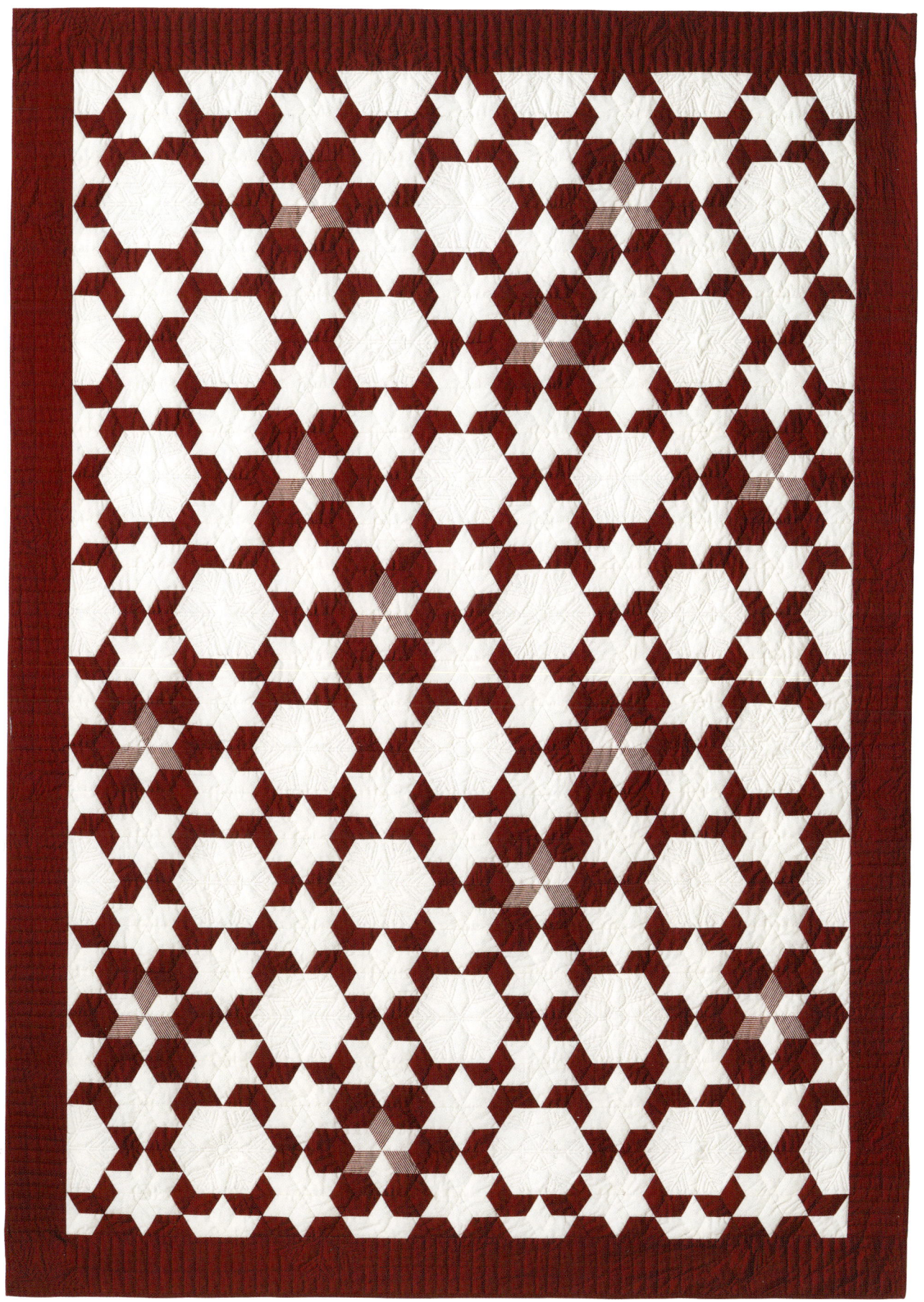

이주희(Lee, Joo Hee) /

별과 꽃과 사랑을 위하여 / 159.5×229.3cm

이해진(Lee, Hea Jin)

이곳 저곳 더하기 / 190×230㎝

160×228cm

122

전영희(Jeon, Yeong Heui)

마음 / 160×228㎝

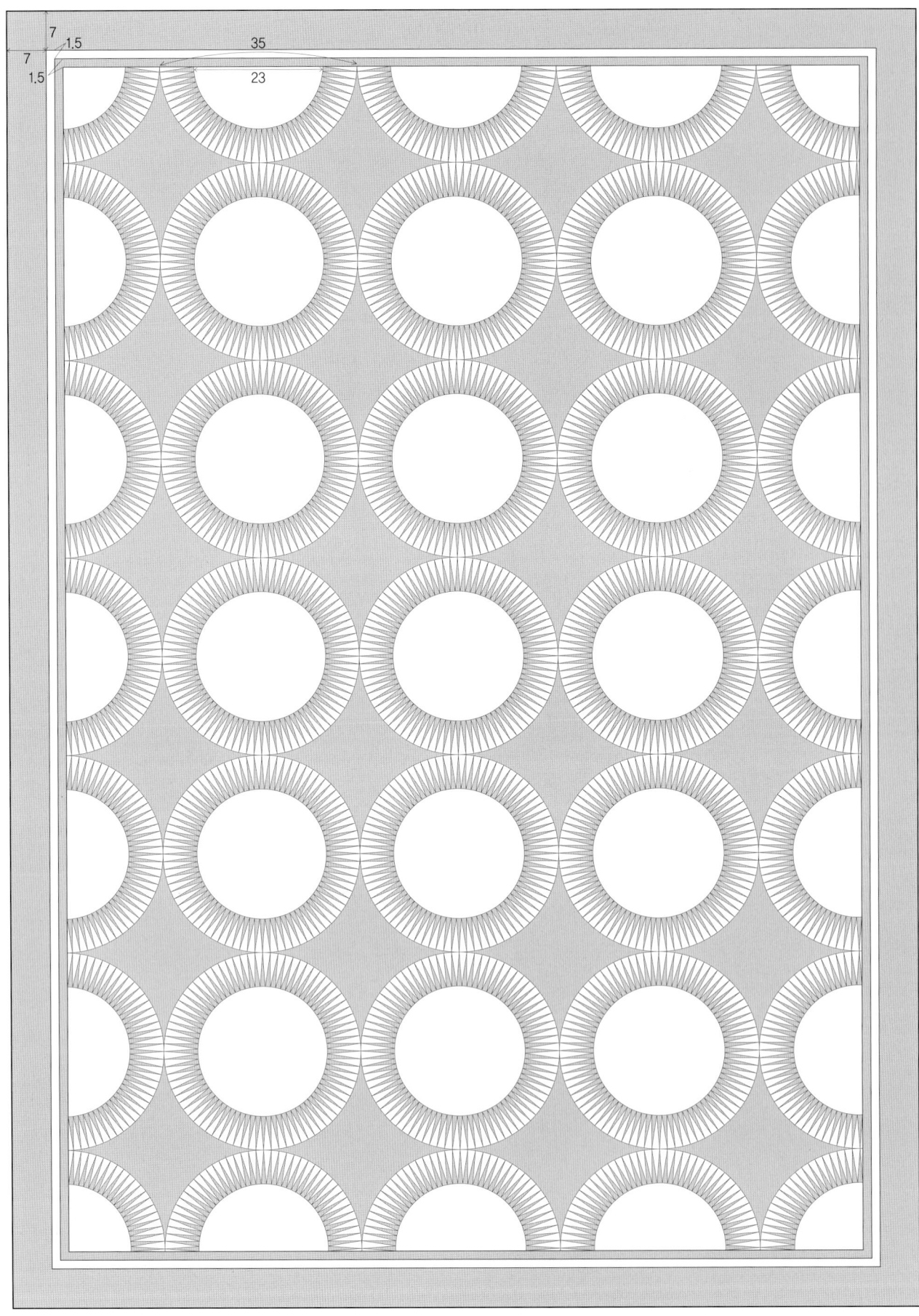

160×230cm

7
1.5
7
1.5
35
23

124

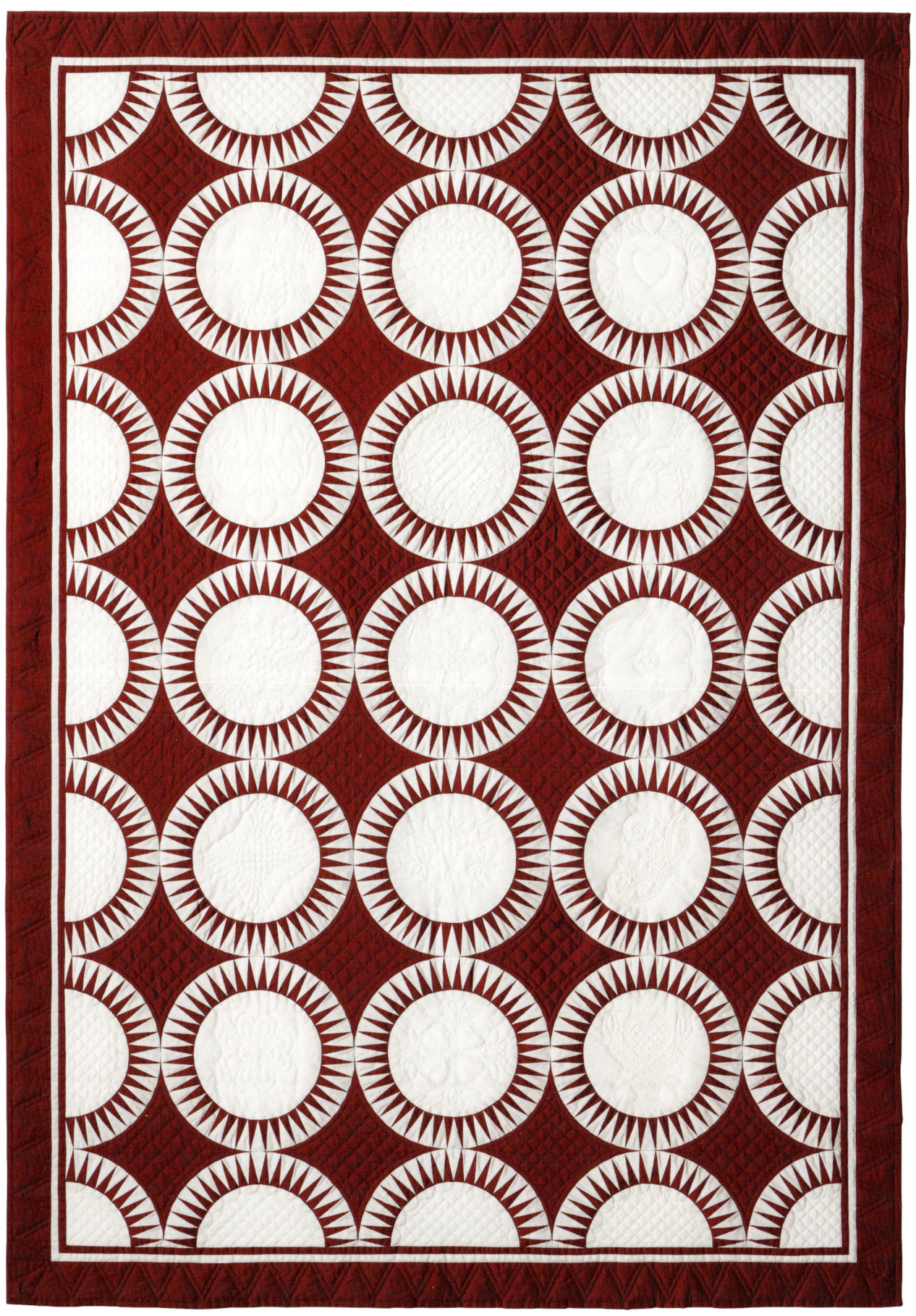

정경림(Jung, Kyung Rim)

환희 / 160×230㎝

조은영(Cho, Eun Young)

진현미(Jin, Hyun Mi)

SPRING IS COMMING / 160×228cm

220.5×220.5cm

3.5　　　7　10.5　　17.5　　　3.5
3.5

3.5

채윤희(Chai, Youn Hee)

7.5  30      20  5  20      20          40      5

7.5

2.5

최소영(Choi, So Young)

볼 빨간 속마음 / 160×230㎝

3.5    52.5

3.5

7

56

157.5×224cm

추선미(Chu, Sun Mi)

흐름 – 시간. 인연 / 157.5×224㎝

160×236cm

4  38
4
6.5
5.4
3.4
2.4
1.3

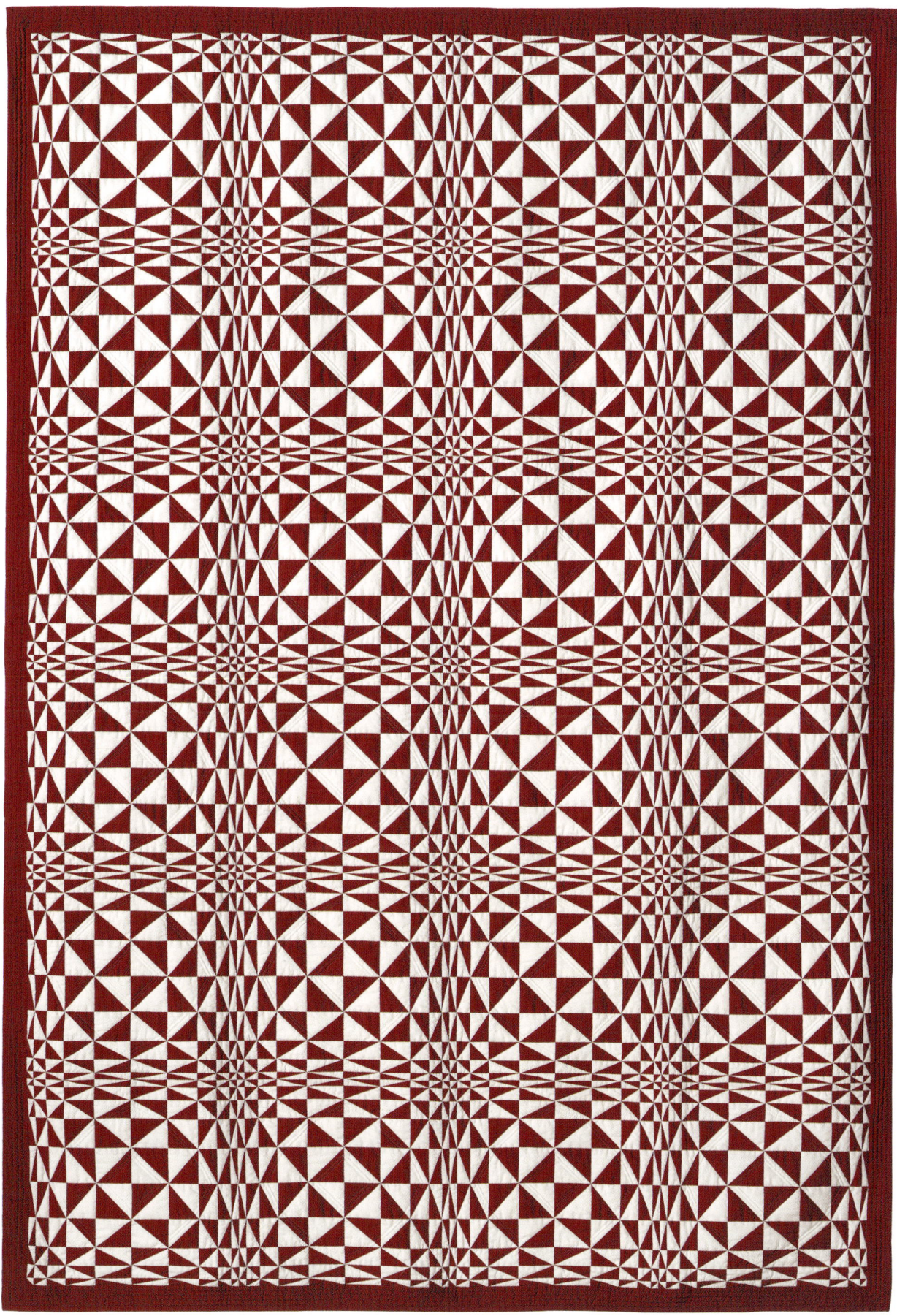

하은희(Ha, Eun Hee)

귀로(歸路) / 160×236㎝

172×228cm

8  4    20    8
8
36
20

한경희(Han, Kyung Hee)

장밋빛 인생 / 172×228cm

182×226cm

140

함미숙(Ham, Mi Suk)

생각 / 182×226㎝

141

20.5

4.5

허수진(Her, Su Jin)

아름다운 비행 / 140×213.5cm

158×232cm

4
4
27
6
10

144

황미숙(Hwang, Mi Suk)

RED WINE / 158×232㎝

145

08p

08p

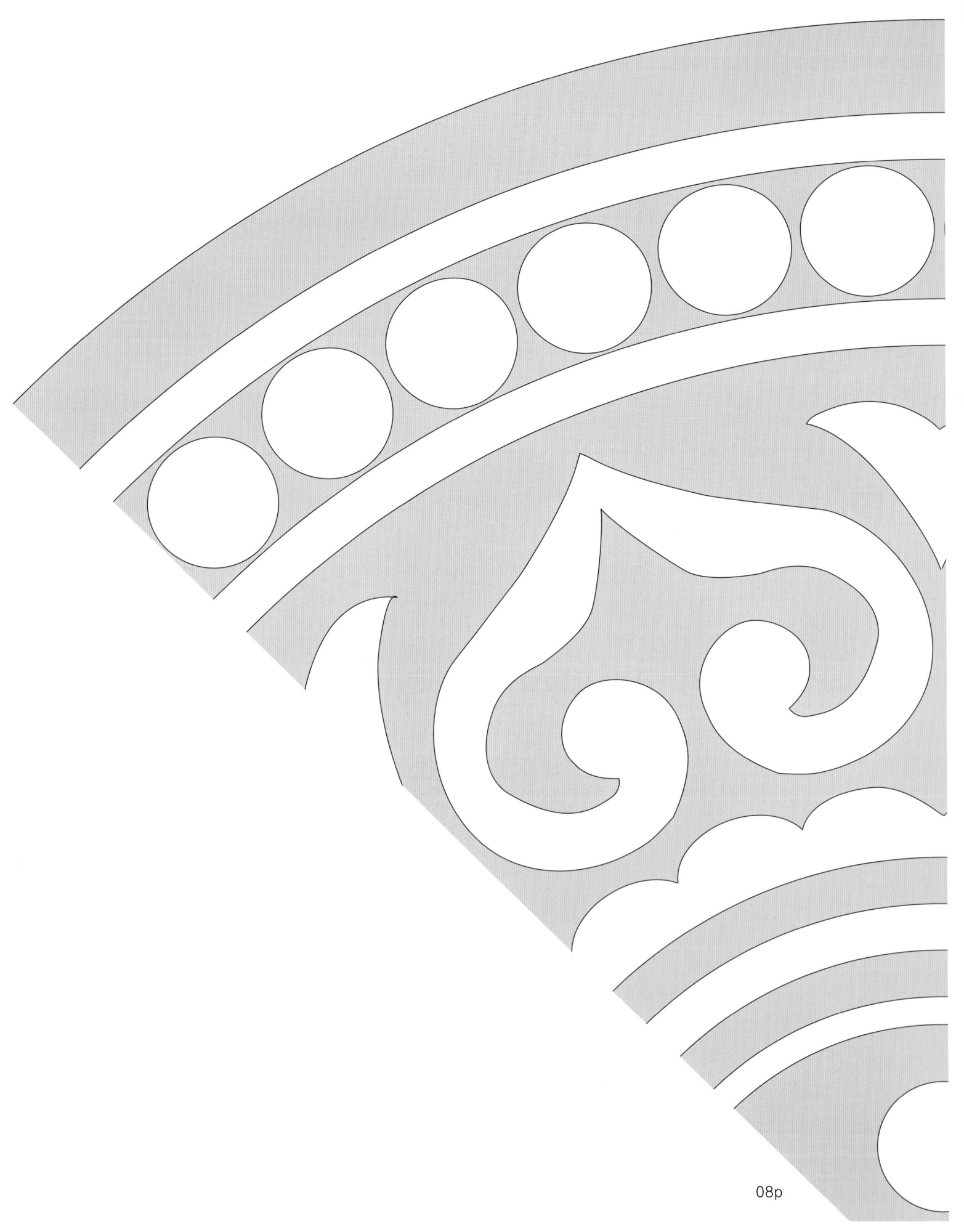

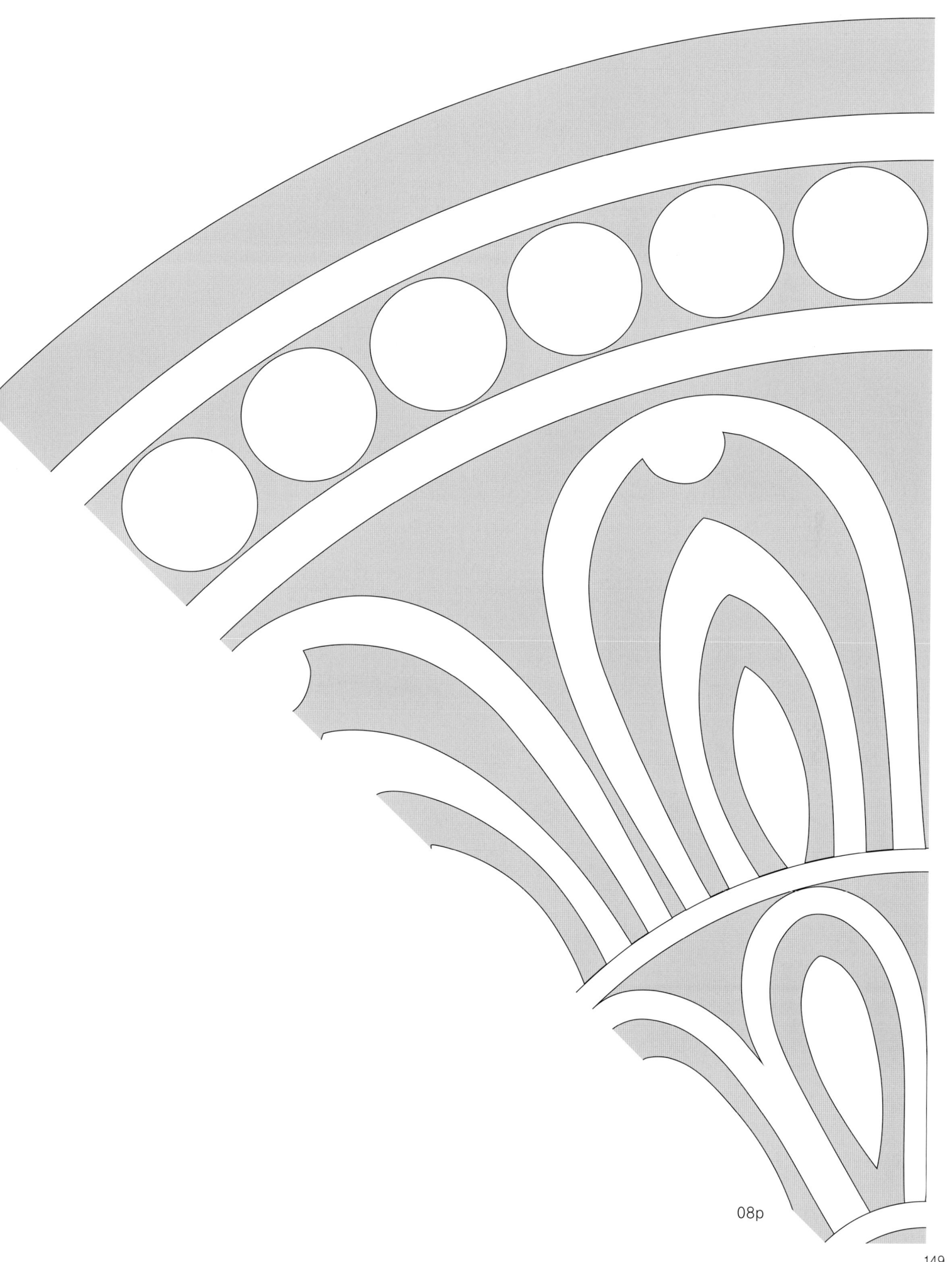

08p

12p

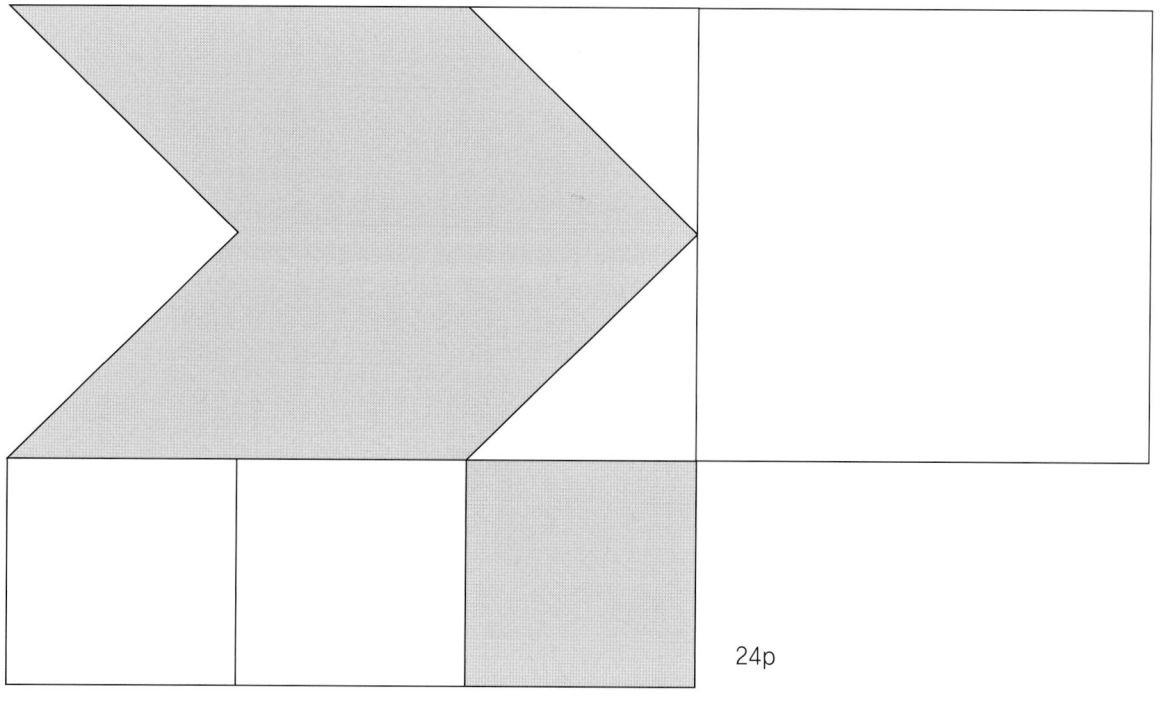

24p

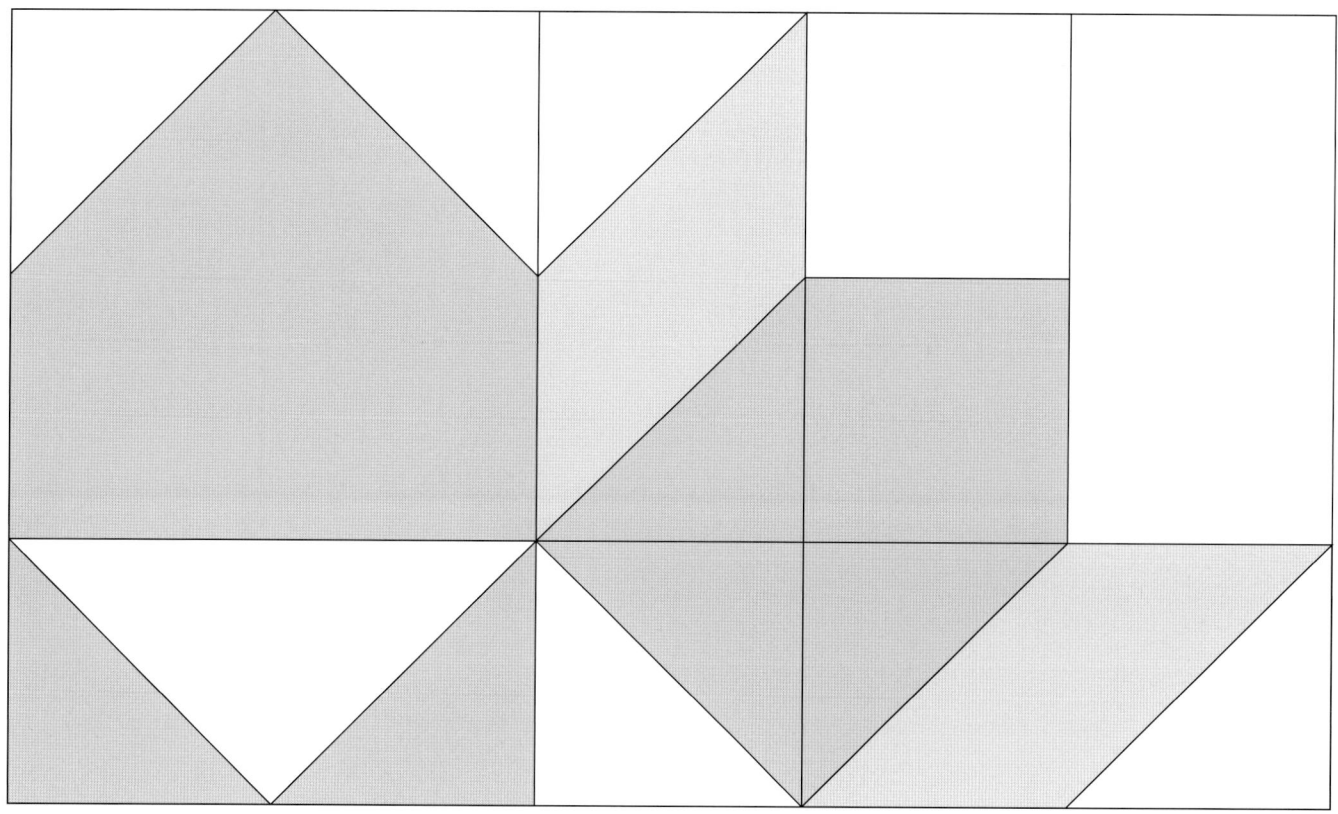

28p

32p

52p

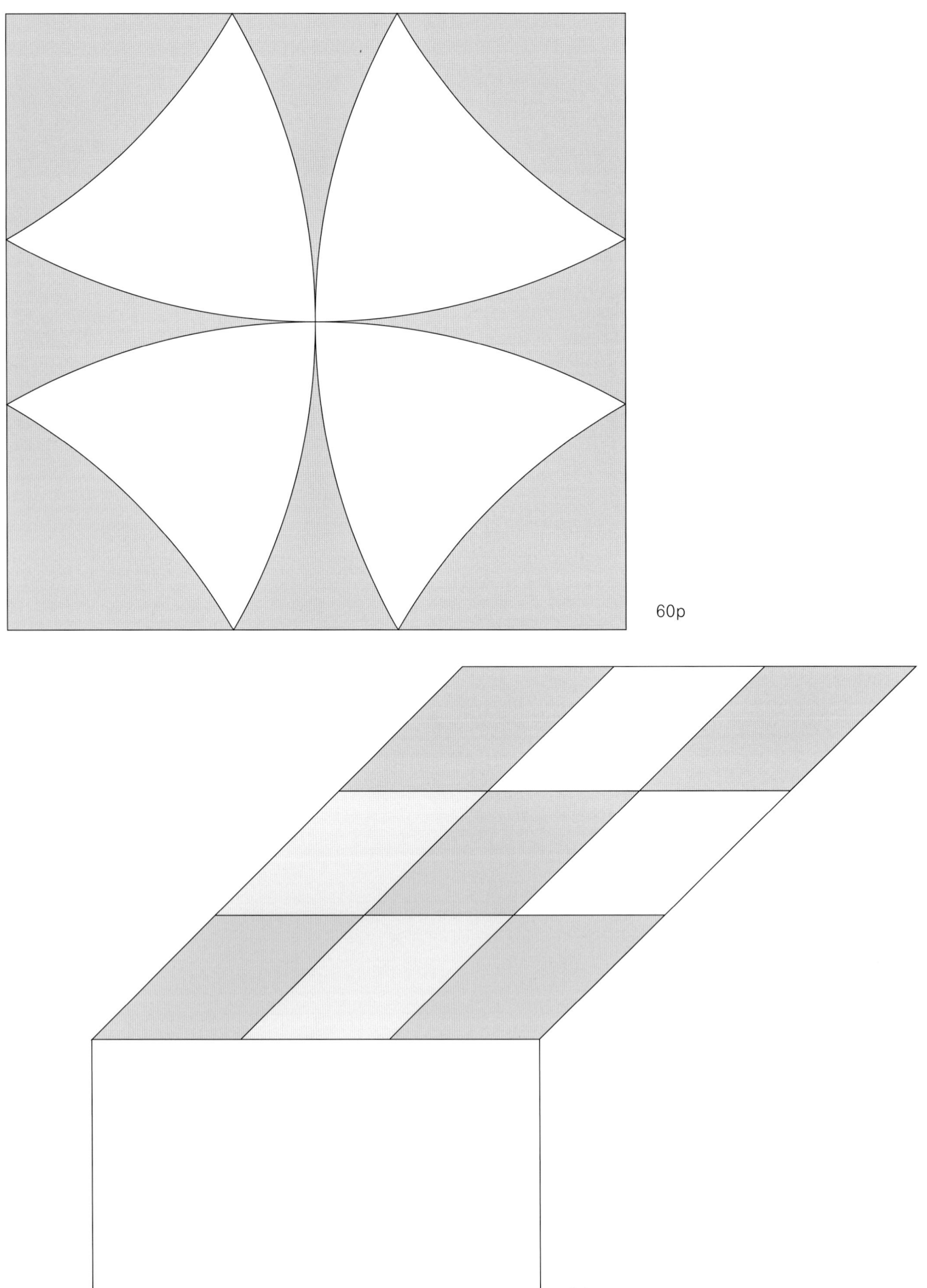

64p

60p

154

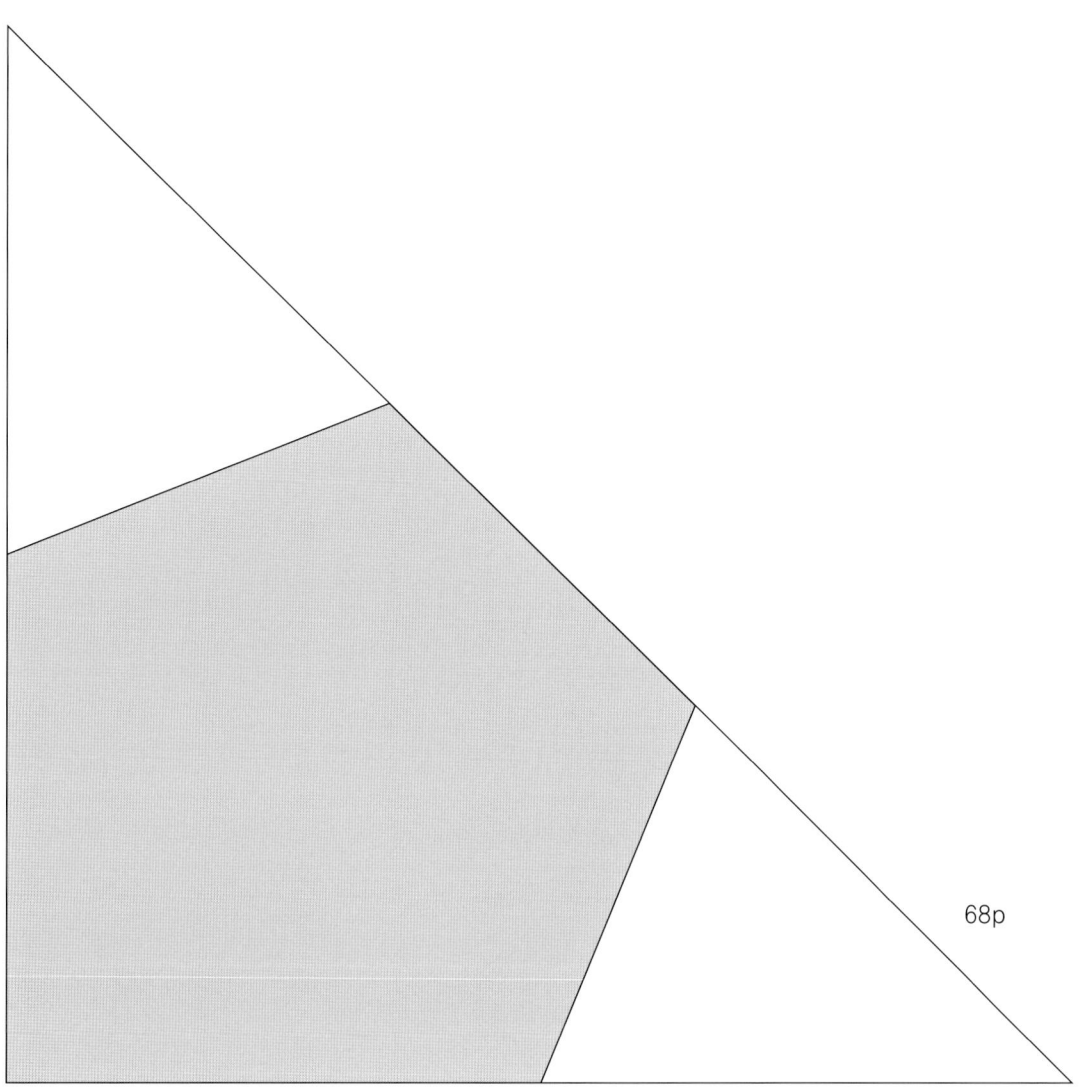

68p

72p

76p

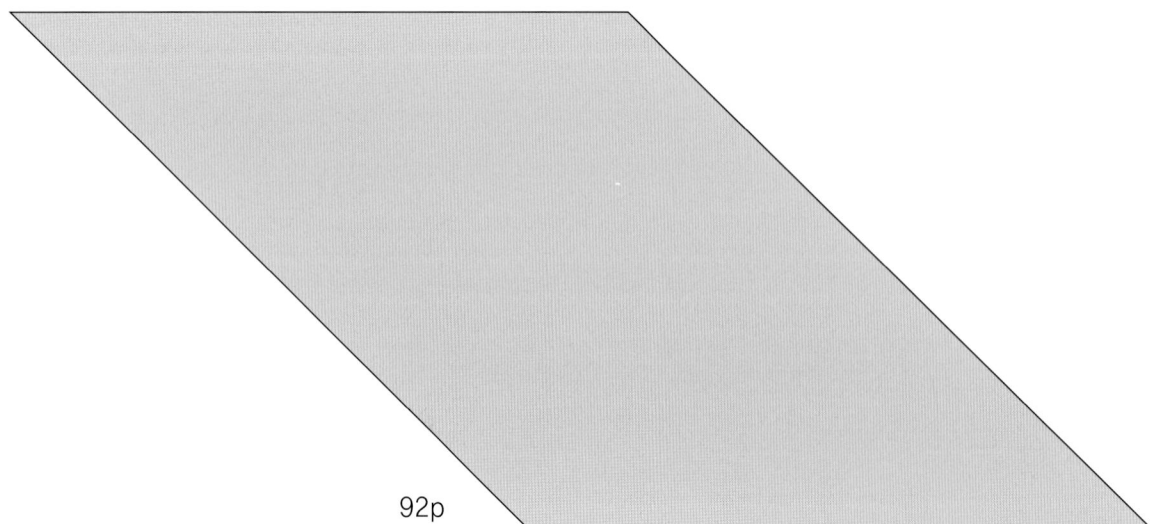

92p

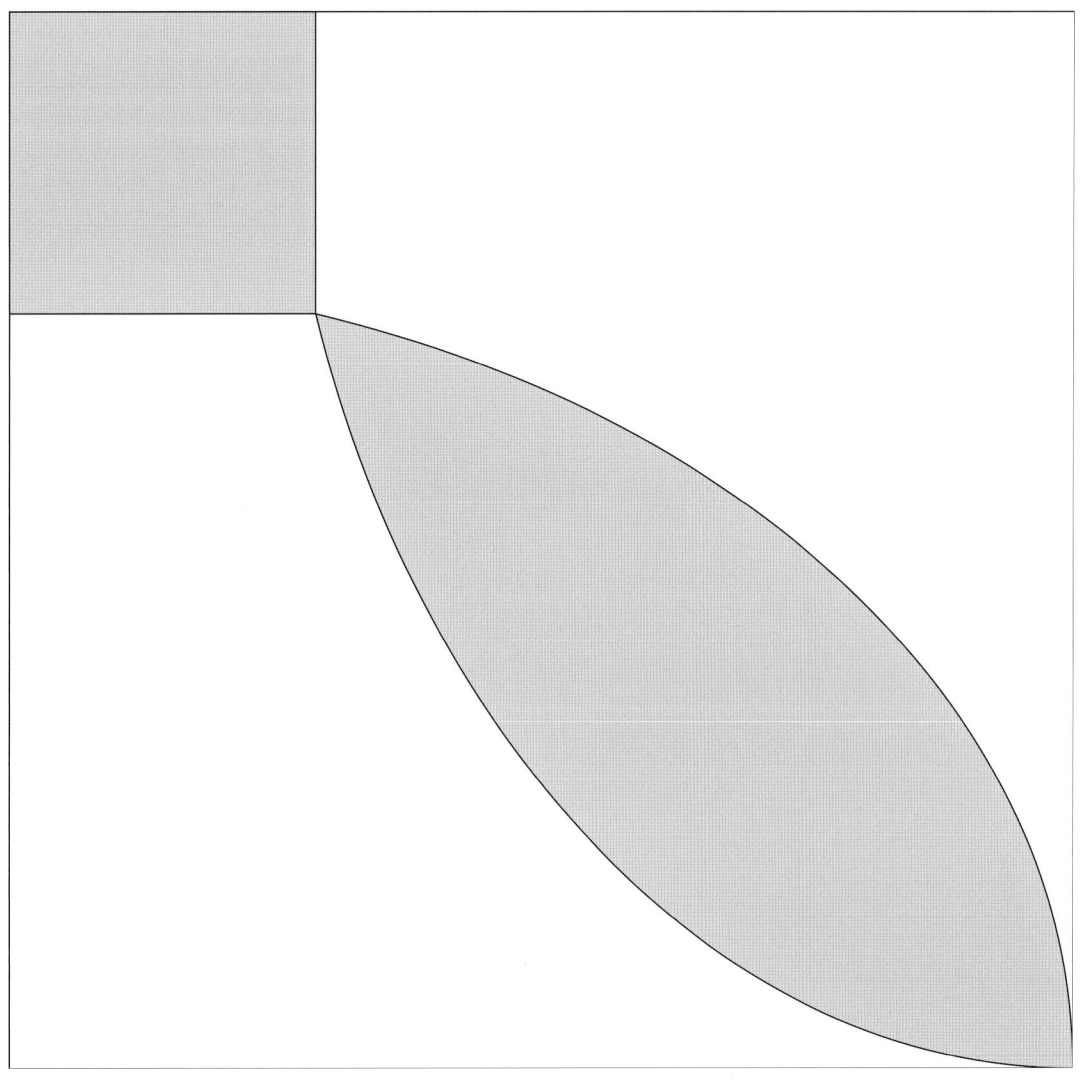

84p

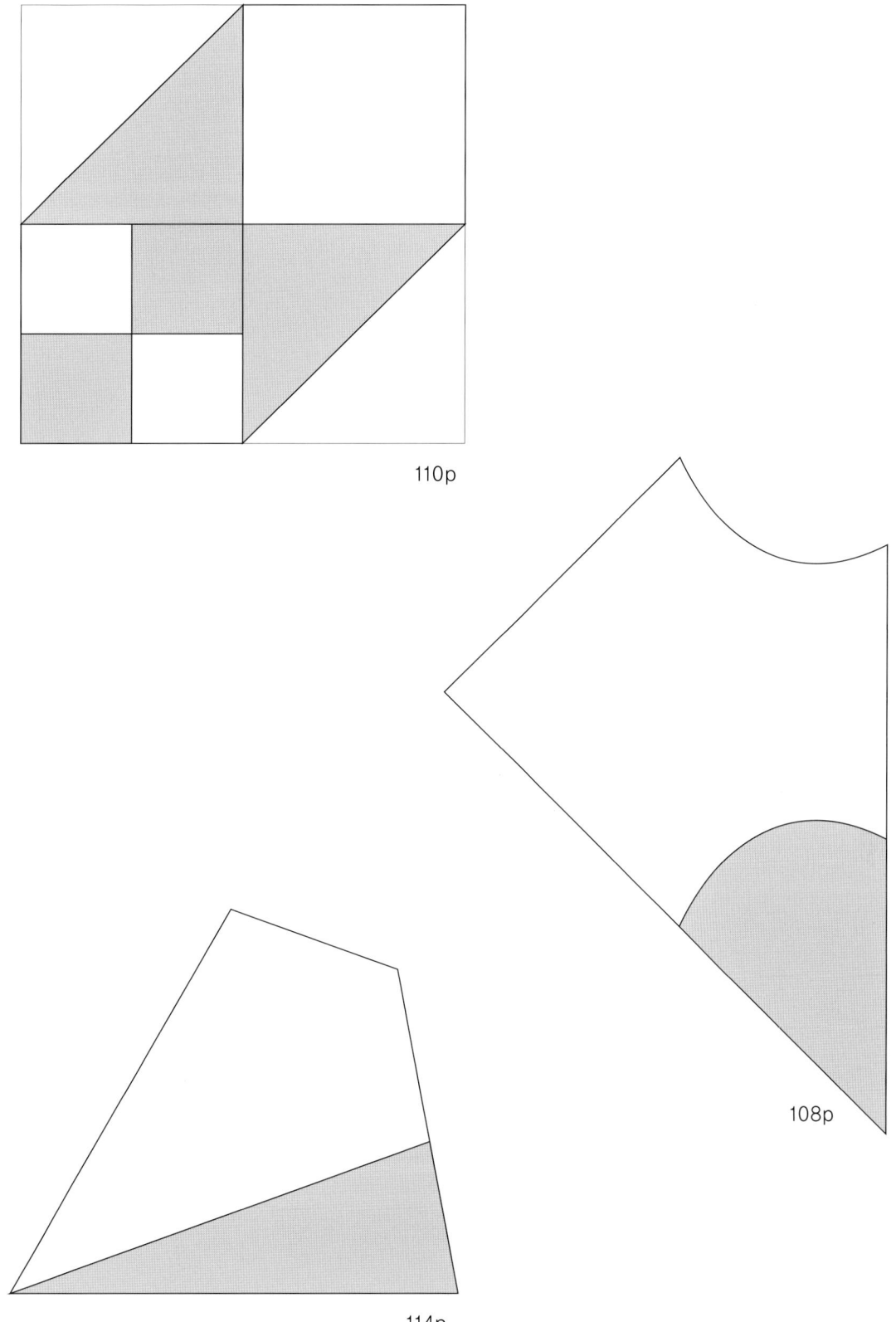

110p

108p

114p

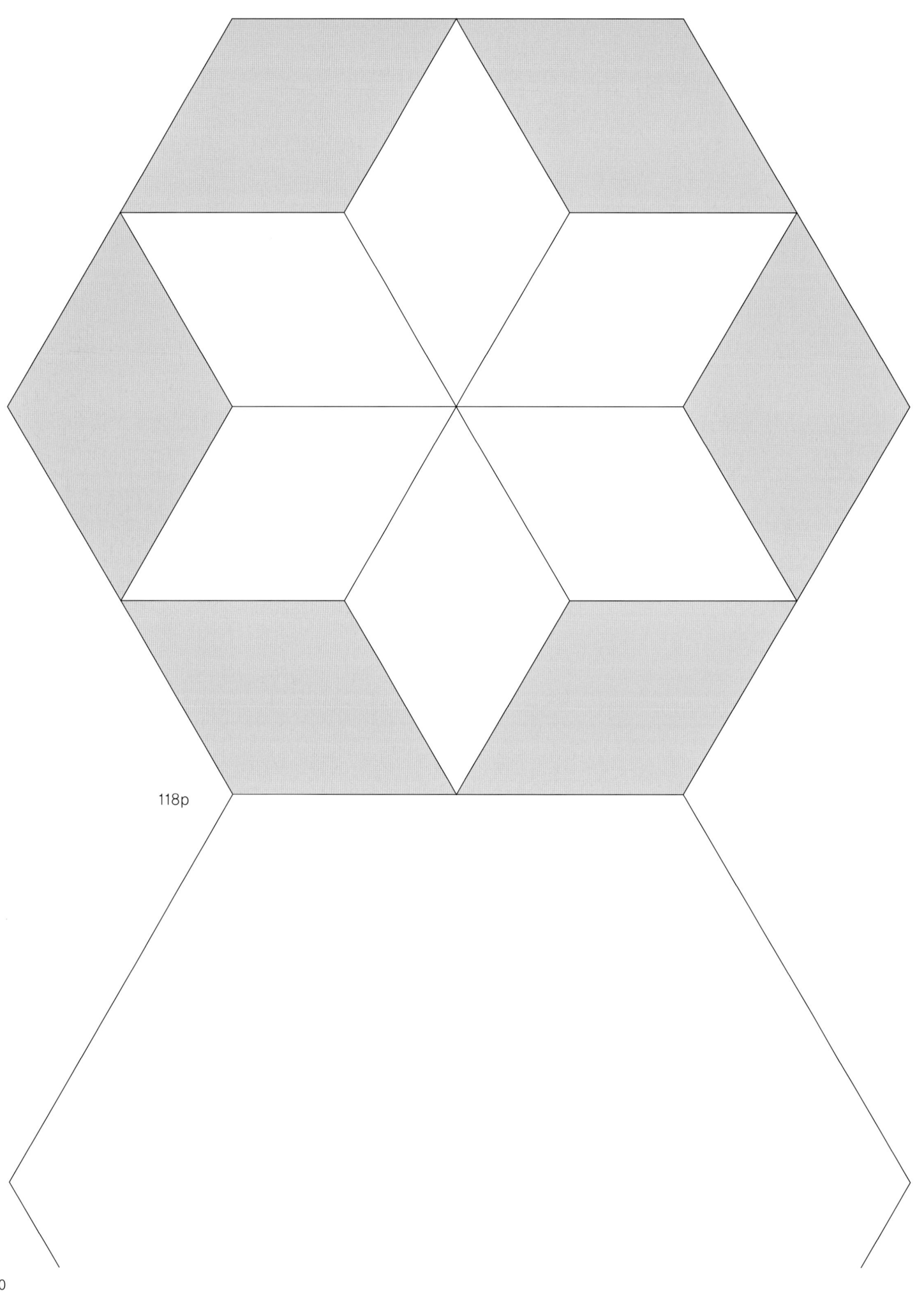

118p

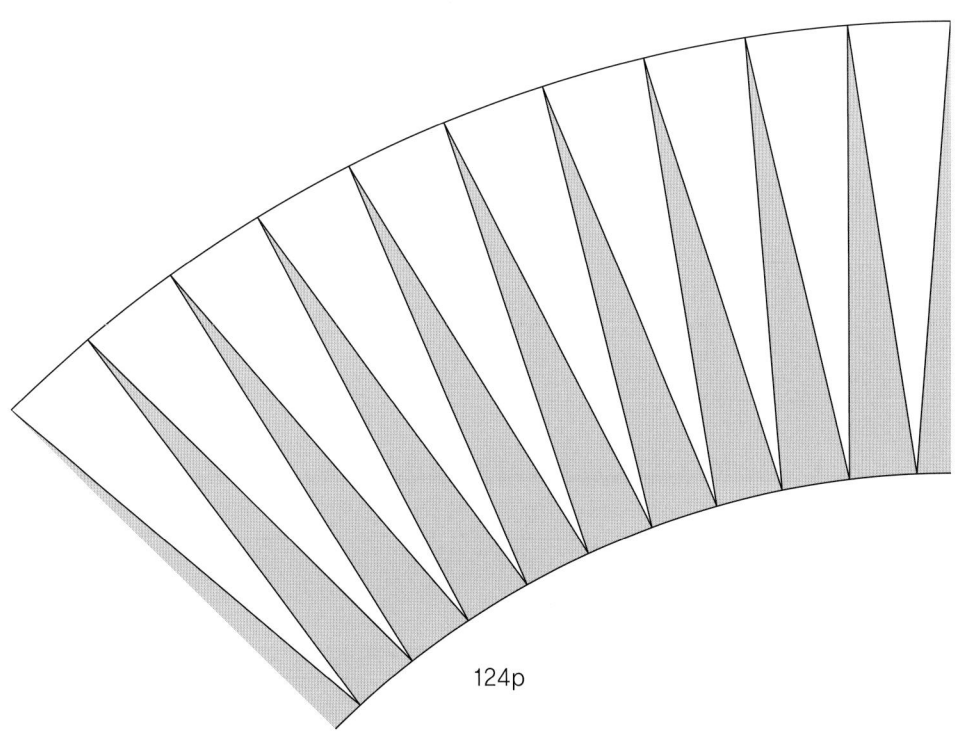

120p

124p

122p

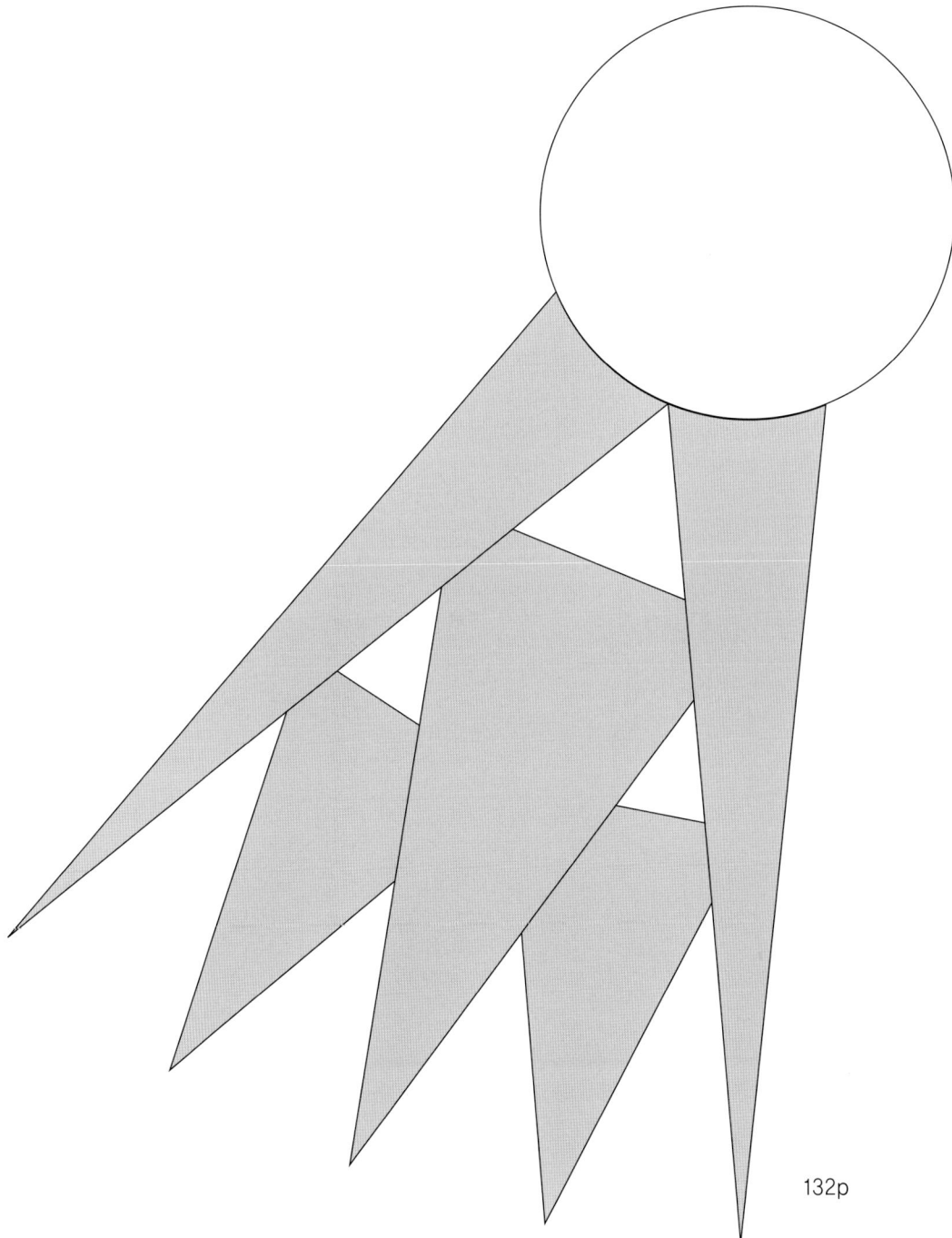

132p

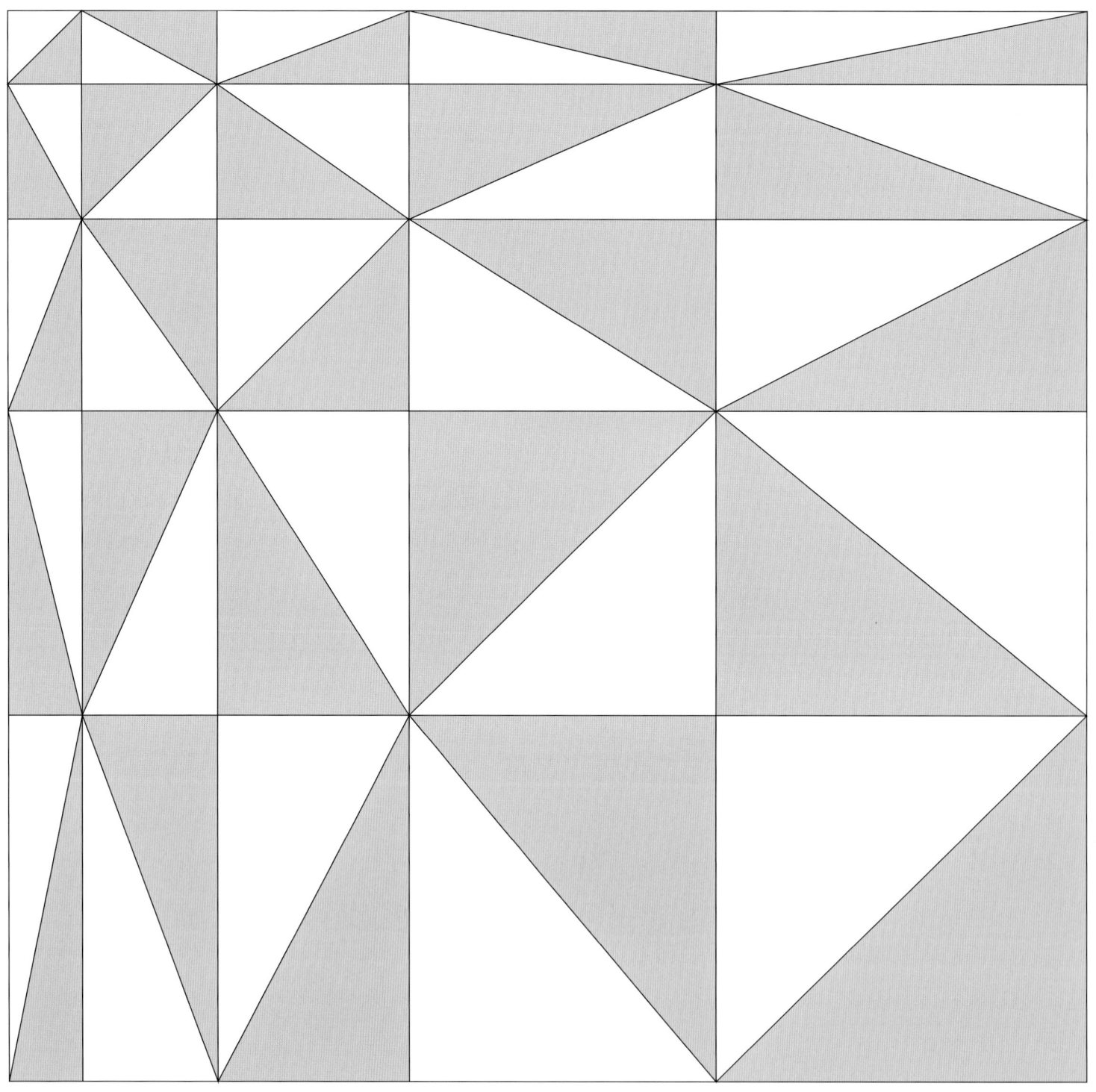

136p

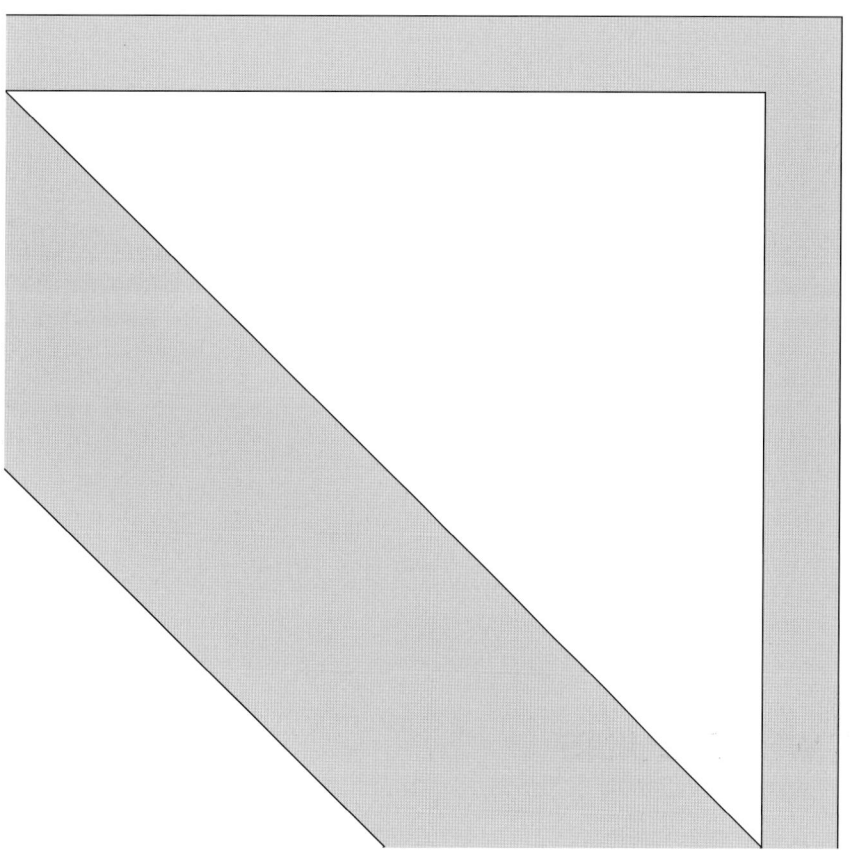

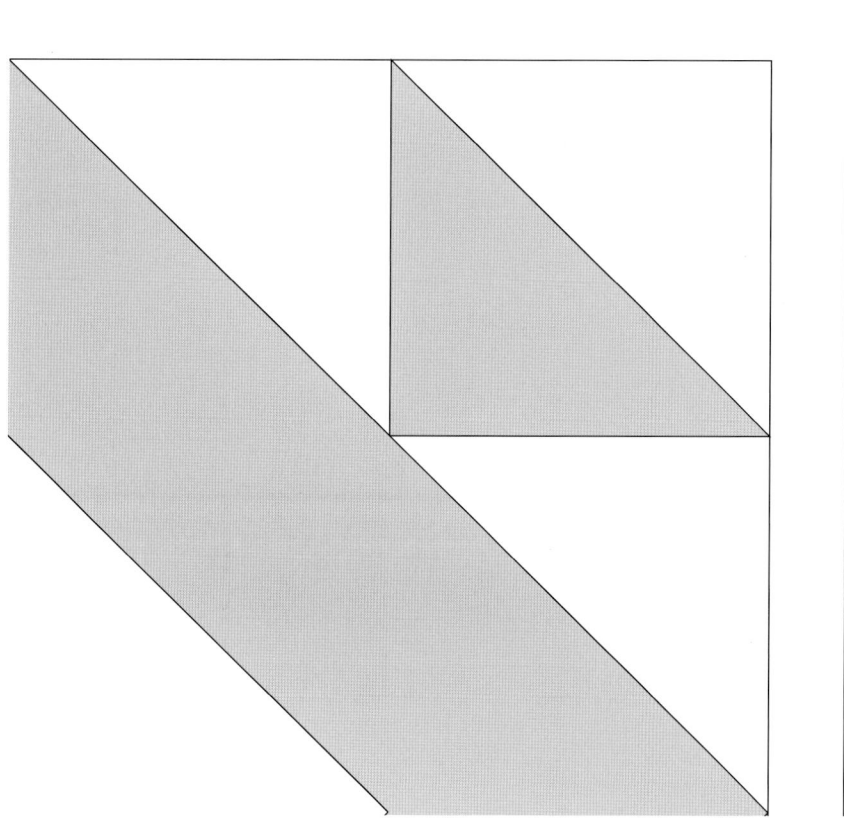

140p

# RED & WHITE QUILTS
## The 26th Yoon's Quilt Festival

초판발행 2018년 6월 21일
발행처 도서출판 윤
발행인 윤혜경

편집·디자인 BEST Design
일러스트 정연아
사진 포토인

주소 서울시 종로구 필운대로 108-1
전자우편 quiltyoon@naver.com
전화 02-730-7364~5
팩스 02-730-7366

참고서적
- キルトに聞いた物語
  小野ふみえ·暮しの手帖社
- Red & White Quilts Infinite Variety
  PRESENTED by THE American Folk Art Museum

협찬사

값 28,000원